すみません、金利ってなんですか？

元国税局ライター
小林義崇

サンマーク出版

はじめに

「すみません、『金利』ってなんですか？」

本書のタイトルでもあるこの言葉は、僕の偽《いつわ》らざる本心です。

僕は社会人6年目を迎える28歳・会社員で、普段は書籍の企画を立てて、本を作る仕事をしています。家に帰れば、妻と2歳の息子がいます。

この本は、ある悩みが発端でできました。それは、「**お金のことがまったくわからないまま大人になってしまった**」という僕自身の切実な悩み。

「お金のことがわからない」といっても、「株やＦＸで資産形成するには」「仮想通貨で儲《もう》けるには」といった高いレベルの話ではありません。

「金利」「定期預金」「源泉徴収」……世間ではごく常識とされているらしい、お金にまつわるこういった言葉がわからない、「そもそも株ってなんですか？」そんなレベルです。

この本は、そんなお金知識ゼロの僕が、**かつて国税局に勤務していた「お金のプロ」**に、**「金利ってなんですか？」「投資や株は聞いたことあります。でも、それが何かはわかりま**

せん……」といったことを尋ねに尋ねた、史上もっともハードルが低いお金の話が書かれた本です。

●「大人」なのにお金のことが全然わからない

思えば生まれて約四半世紀、僕がこうしたお金の常識を「自分の常識」とできたことは一度もありませんでした。

自分でいうのもなんですが、僕はけっこう真面目に生きてきたほうだと思います。

中学、高校の成績は上位のほうでしたし、進学校に通っていたこともあって、某国立大学に進学しました。

中学校の授業で、「デフレ」や「インフレ」について勉強したり、「銀行の仕組み」を習ったりした記憶はおぼろげながらあります。

けれど、それは**あくまで教科書上の知識**。銀行に自分の用事で行くこともなければ、株を買った経験もありません。案の定、頭に入れたはずの知識たちは見事に脳から抜けていきました。

同時に、お金にまつわる小さな不安も芽生えました。

「金利とか株とかあまりわかってないけれど、大人になればわかるようになるんだろうか？」「ひょっとして、10年後や20年後もわかってないままだったりして……。いや、でも毎日ニュースでは『日経平均株価が……』とか言ってるし、いつかわかるようになる、はず……」。現に約10年経《た》って、まさにその不安が的中しているわけです。

大学時代は、アルバイトをしたり口座を開いたりと、お金との関わりも少し増えました。海外旅行に行くために、クレジットカードを作ったのもこの頃です。

とはいえ、お金に関して「すること」といえば、ＡＴＭでバイト代を「引き出す」ことと家賃の「振り込み」くらい。

また数学が超苦手な僕は外国語学部所属で、経済学部の授業を聴講するほど意識が高いわけでもなく、お金については結局知識があまり増えないまま卒業を迎えることに。

このときも不安は顔をのぞかせますが、就職してお給料をもらう身になることにまだうっすら望みがありました。

「さすがに社会人になれば、最初の研修で教わるはず」。就職して社会人になればわかるもの、そう漠然と思っていたのです。

大学時代に友だちと金利や株について話したことは一切なく、また友だちの口からそういった単語を聞いたこともありません。

「お金のことを知らないのは、自分だけじゃない」

そう能天気に思いながら、大阪から東京へとやってきました。

●チャラ男の口から出た「定期預金」

しかし、実際に始まった新人研修では、電話の取り方・名刺の渡し方などの作法を習うばかりで、「お金の基礎知識」についてひと言も聞かないまま終了。

その後も日々の業務に精一杯で、お金との付き合いは学生の頃と変わらず、ただ毎月振り込まれた給料を引き出したり家賃を振り込んだりがほとんど。

そして、社会人になって初めての年末、「**年末調整の書類**」という得体の知れないものがデスクに置かれていました。

なんとなく説明は受けましたが、「?-?-?」状態は変わらず。しかし、横のデスクの先輩たちはテキパキ処理しています（少なくとも、僕の目にはそう映りました）。

自分の無能さをさらけ出すようで「わからない」とも言い出せず、それから3、4年、わけもわからずハンコを押して提出していました。

「これはまずい状態だ」とリアルに感じたのは、社会人になって3年半が経過した頃に開かれた大学の友だちとの飲み会でのこと。

僕以外の4人のうち3人が金融系に就職していたのですが、そこで繰り広げられたのは「**金利、今は○○だから、定期預金はやめたほうがいいよ**」「**○○は株価がな〜、売りかもよ**」といったマネートーク。大学時代はそんな話、一切していなかったのに、です。

（て、定期預金？　何それ……？）僕はただ苦笑いを浮かべて、意味のないうなずきをするばかりでしたが、さらに追い打ちをかけるひと言が。

メーカーに勤めていた元チャラ男の友人Aが、「そっか、**定期、始めたばっかりなんだよな〜**」と発したのです。

（ええ、Aもわかんの……。ていうか、やってたのか……）

チャラ男のほうがしっかりと人生設計を立てているように思えてならず、人知れず、ひっそりとダメージを受けた出来事でした。

●息子の名前を「わけのわからない書類」に書いてしまった

さらにたたみかけるように、毎年恒例の「年末調整」書類への記入がやってきます。もちろん、何が行われているのかはわからないまま。

しかし、この年のそれは今までとは違っていました。なぜなら、**意味がわからない書類に、生まれたばかりのわが子の名前を書かなくてはいけなかった**から。

年末調整とは何か、理解できていない。とはいえ、今さら人には恥ずかしくて聞けない。ネットで調べてもいまいちわからない。

不甲斐ない思いで、息子の名前を記入。同時に、「このままでは本当にまずい。見て見ぬふりをするのはやめて、そろそろお金のことをちゃんとわかっておかないといけない」と今まで以上に骨身にしみました。

子どもが大きくなったら、「教育費」や「住宅ローン」などお金の問題がどんどん増えてくることは想像がつきます。けれど、お金関係のことが何もわからないのに、家を買うなんて、あまりにも無謀で危険すぎる……。

一人の社会人として、親として、今まで放置してきたお金の知識と生まれて初めて真剣に向き合う決心を固めたのです。

●たどり着いたのは、何でも教えてくれる「国税局のお金の先生」

というわけで、本づくりと称して自分のために、「世界一ハードルの低いお金の本」をコンセプトにした企画を立てて、著者の先生探しを始めました。

ところが……僕が素直に無知ぶりを打ち明けると、どの著者候補の先生も難色を示すのです。

「だって梅田さん、そんなことカンタンすぎて、とても本にはなりませんよ」

そう、厳しく助言してくれる人がほとんど、という状況でした。

「この企画はボツなのか？　いつまで経っても、お金知識ゼロのままなのか？」

なかば諦めかけていたところ、僕の目の前に救世主のごとく現れたのが、本書の著者である小林さんでした。

小林さんとは、ある集まりで名刺交換をしたところから、ご縁がつながりました。

当時「**国税局**」に勤めていた小林さんの名刺を見た瞬間、企画で頭がいっぱいだった僕は「お金関係の人！」と即座に強く反応しました。

その優しい口調に「この人なら何でも答えてくれるかも」と心を許し、初対面なのに自分の悩みを堰《せき》を切ったように一方的に吐露しつづけた結果……小林さんだけがただ一人、僕の語る企画に共感し、賛同してくれたのです。


別にお金を増やすことに特段思い入れがあるわけではありません。株や投資だって、やるつもりは、正直今のところありません。

けれど、生きていくうえで困らない・不安にならない、そんな**最低限の**「**お金の知識**」は知っておきたい。

この1冊さえ読めば、「お金の基礎」がおさえられ、少なくとも日常困ることはなくなる。そんな本があれば……この本の根底にはそんな思いが流れています。

ある意味、**僕の〝ピュアすぎる疑問〟を、百戦錬磨のお金のプロにぶつけたのが本書**です。まるで子どものように、まっさらな心で、わからないことを小林さんに聞きました。

取材中は、知ったかぶりも、わかったふりも一切せず、納得がいくまで小林さんに尋ねました。ですから、「史上最高にハードルが低いお金問答」ができたのでは、と思います。

もし、「**今さら人には聞きづらいけれど、お金のことでわからないことがある**」「**意味を忘れてしまった**」といったことがあれば、この本の中で僕が小林さんに教えてもらっているかもしれません。

もちろん、紙幅には限りがあるので、すべての人の疑問をパーフェクトに網羅できているわけではないのですが、できる限り今の時代、そしてこれからの時代にフィットした最低限の知識を幅広くおさえる意識で質問を重ねました。

もっとも初歩的な「お金のトリセツ」として、本書を活用していただければとてもうれしいです。

小林さんとのお金問答を終えて、
少し世の中の仕組みがわかった気がする2020年2月

梅田直希

『すみません、金利ってなんですか？』目次

はじめに

序章　すみません、「金利」ってなんですか？

1章

「源泉徴収」ってなにが徴収されているんですか？

源泉徴収・年末調整・確定申告の話

2章 別にやろうとは思っていないのですが……
株や投資についての話

3章 何をどれくらい納めないといけないんですか？

税金についての話

4章 銀行に行っても「下ろす」しかできません
銀行にまつわる話

5章 「リボ払い」はリボルバー払い？ お金を使ったり払ったりするときの話

6章

将来への備え、複雑すぎじゃないですか？

保険に関する話

7章

将来もらえないって、本当ですか？

年金についての話

ブックデザイン　藤塚尚子（e to kumi）
イラスト　オオノマサフミ
編集協力　山守麻衣
株式会社鷗来堂

本書に登場する人

お金について教えてくれる人

小林義崇《こばやしよしたか》先生

お金関係に詳しい元国税専門官ライター。東京国税局に13年間勤め、所得税・相続税の税務調査や健康保険・年金の管理などを担当。プライベートでは結婚、子育て、住宅購入も経験した。35歳でライターとして独立し、現在は会社を経営。職員時代の知識を使って自ら経理や税金、社会保険の処理をしている。3児の父。

学生時代に**70万円超の布団をローン**で買わされそうになったり、**約1000万円の奨学金返済**を負ったりと、決してお金に強かったわけではないが、その分「**お金のことがよくわからない人」の悩みにとことん寄り添うことを信条としてきたお金のプロ。**

お金について学ぶ人

梅田直希《うめだなおき》

この本の企画・編集を担当した人。28歳、既婚、子持ち。「大人になったら株とか投資のこと、わかるようになっているだろう」と思っていたら、**何もわからないまま社会人6年目**。「年末調整」というわけのわからないもののために、得体の知れない紙にわが子の名前を書いたことをきっかけに、一念発起して本書の企画にいたる。

キャッシュレス化が進む中、「**なんだかんだキャッシュが安心**」という超・現金派で、お金に対するスタンスは「**めちゃくちゃ増やしたいわけではないけど、減るのはとにかく嫌**」。

＊ 本書中に登場する数値や制度等は、とくに記載がない限り、2019年12月時点の情報です。お金に関する法律や税制などは変更になる可能性もありますので、ご注意ください。
＊ 本書の情報については細心の注意を払っております。ただし、正確性および完全性等を保証するものではありません。個別の商品の詳細については、銀行や証券会社などに直接お問い合わせをお願いします。
＊ データや数値等はわかりやすさを重視し、一部簡略化や加工を行っております。
＊ 本書は情報提供を目的としており、特定の金融商品の売買や投資の推奨を目的としておりません。
＊ 情報の利用によって万一損害を被ったとしても、出版社および著者は責任を負いかねます。投資にあたっての最終的なご判断はご自身でお願いいたします。

序章

すみません、「金利」ってなんですか？

小林さん、この本は「**世界一、基本的なお金の本**」を目指していることもあって、めちゃめちゃ基本的なことを聞いていくと思いますが、本当に大丈夫でしょうか？

はい。私も難しい言葉をなるべく使わないよう気をつけたいと思いますが、多分、大丈夫です！

生活に密着したお給料や税金の話、株や保険の話まで、僕、本当にわからないことだらけで……。とにかくお金に関するあらゆることを、幅広く聞かせてください！

前職のときから、税金にまつわることは私の主戦場でした。東京国税局の国税専門官として、所得税や相続税の調査に加え、国税局で働く職員たちの年金情報の管理など、いわゆる「社会保険」に関することも仕事で関わってきましたので、このあたりもお話しできると思います。

そうそう、社会保険とか、聞いたことあるけど意味がいまいちわかっていなくて……。そういうことをお聞きしたいと思っていたんです！

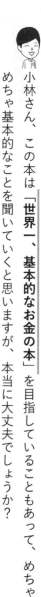

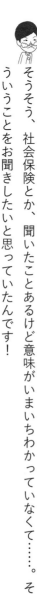

プライベートでも子育てや住宅購入を経験しており、今はフリーライターとして経理や確定申告も自分でやっていますので、働く人や生活者の目線でもお話しできると思いますよ。

頼もしい！　じゃあ早速ですが、ズバリ**「金利」**について教えてください。これ、本当によく聞くんですけれど、**いいヤツ**なんですか？　それとも**悪いヤツ**なんですか？　いまいちわからず……どっちなんですか？

金利は「良い」「悪い」どっち？

そ、そう来ましたか（笑）。えっとですね、**金利にはいいも悪いもありません。**

……って、みんな言うんですよ！　でも、その割にはよく「金利がいい」とか「悪い」とかって言ってません？

では、**「立場によって、いい金利もあれば悪い金利もある」**と言い換えてみましょうか。

いい金利か悪い金利かというのは、梅田さんが何をするのかによって変わります。

僕次第で、金利の意味合いが変わってくるんですか？

たとえば「**金利＝利子**」と言い換えてみると、どうですか。借金を取り立てる金融系のドラマなどをイメージしてみてください。まさにこのとき、立場によって、いい金利か悪い金利かが決まります。では、梅田さんがお金を借りる場合、いい金利というと、高い金利か低い金利か、どちらだと思いますか？

えっと、僕が借りる立場だったら、利子があまりつかないほうがいい……ということは「低い金利」がいい金利？

正解。**借りるほうからすれば、金利は低ければ低いほどいい金利**です。金利が低ければ、その分返すお金は少なくなりますからね。反対に、貸すほうからすれば、金利が低いと返ってくる額が小さくなるので「低い金利＝悪い金利」となります。

立場によって変わる「いい金利」
お金を貸す側
いい金利
＝
高い金利、しっかりつけて返さんかい
お金を借りる側
いい金利
＝
こんなに安い金利でいいんですか～

たしかに、借りる側と貸す側で、金利に対するとらえ方は真逆になりますね。

では、梅田さんがお金を貸す場合。いい金利というと、高い金利か低い金利、どちらですか？

僕が貸す立場だったら、金利が多くついたほうが返してもらう金額が増える……ということは「高い金利」？

その通り。このような**二面性をもつことこそ金利の本質**なんです。

＊本書では原則「利子＝払うもの」「利息＝もらうもの」として記載。

「預金」すると金利が上乗せされる

でも、僕は金利をつけてお金を貸したことなんてないですし、これからもきっと起こらないですよ。人に貸せるほどのお金持ちでもないし。

いえ、**梅田さんは今までもお金を貸してきたはずですよ。**だって、1つくらい銀行に口座をもっていて、そこにお金を預けているでしょう？　**それって、銀行に「貸している」ことと同じ。**だって、**銀行に預けたお金には、必ず金利をつけてもらっている**んですから。

えっ、金利、ついていたんですか！

はい。じゃないと銀行に自分のお金を預けるメリットはありませんよね。

そ、そうなんですか……ね？

「金利がつく」とは

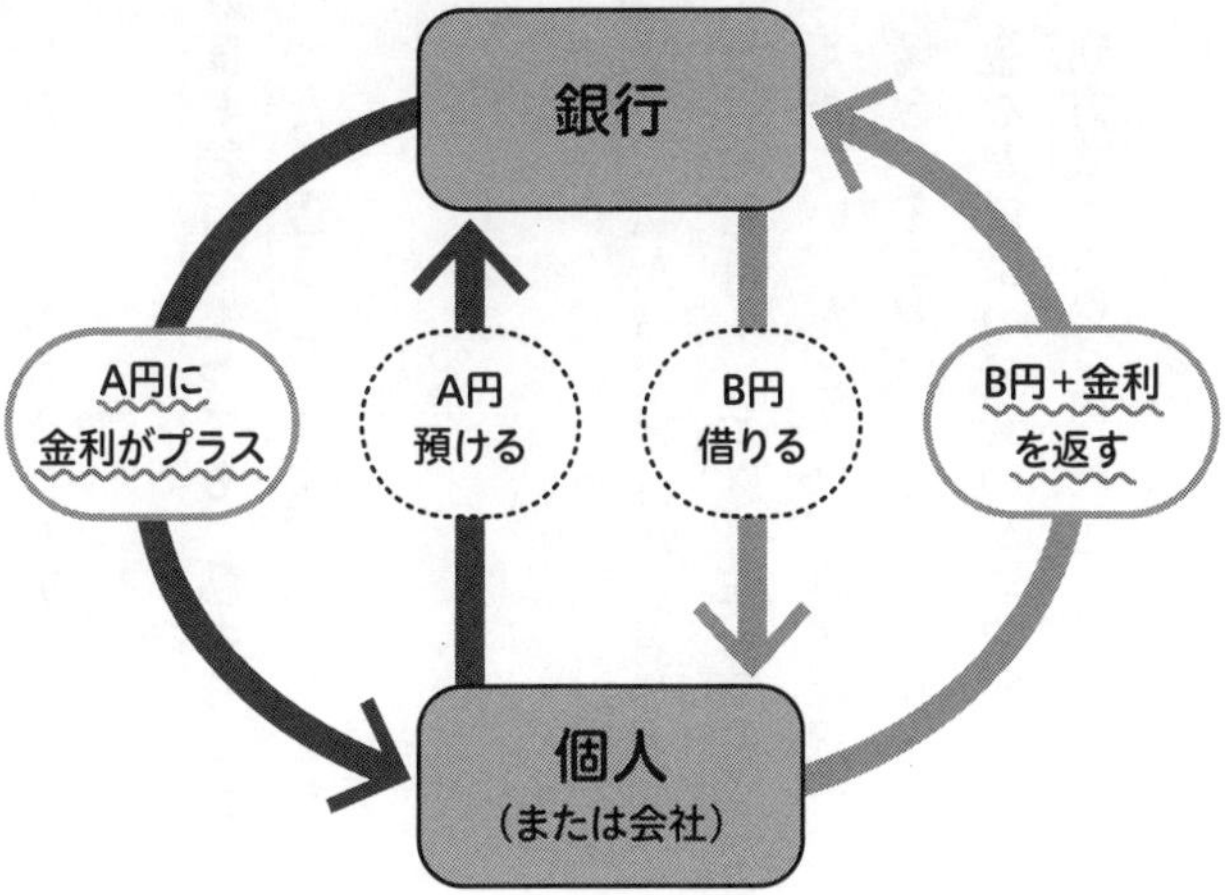

まあ、預けたほうが安全、という理由もありますが。

……（それしかないと思ってた）

とにかくまとめると、梅田さんが銀行からお金を借りるときは金利が低いほうがいい。梅田さんが銀行にお金を貸す、つまり預けるときは金利が高いほうがいい……ということになります。ただし、これはあくまで理論上の話。最近は事情が変わってきています。「銀行に預けるだけで得」できたのは過去の話。**今は、銀行に預けたときにつけてもらえる金利が安くなりすぎているんです。**

安くなりすぎているって、いったいどれくらいですか？　ついていることすら知らなかったのに聞くのもあれですが……

同じ銀行であっても、私たちが「借りるときの金利」と「預けるときの金利」は、ケタがまったく違うんですよ。例としてわかりやすい数字を挙げてみますね。

お願いします。

まず、私たちが銀行から借りるときの金利として、「住宅ローンの金利」を見てみましょう。住宅ローンとは、住宅を買うために銀行からお金を借りるシステムのことだと思ってください。たとえば、みずほ銀行で変動金利方式の住宅ローンを２０１９年12月に借りた場合、１年間につく金利は**０・６２５〜０・８７５％**。実際にどの金利になるかは自己資金などによって変わりますが、ひとまず１％と考えておきましょうか。ちなみに「**変動金利方式**」というのは、「市場の金利に連動する」という金利のつき方のひとつです。

……

まあ、野菜の値段が日々変わるように、金利のパーセンテージも世の中の状況によって変わるとイメージしてください。

「住宅ローンの金利が1％」というのは、「住宅ローンとしてお金を借りたら、1年間で1％上乗せして返していく」ということですか？

その認識でOKです。次に、銀行に「預けるときの金利」を見てみましょう。同じみずほ銀行の普通預金の場合、1年間につく金利は**0・001％**です。あ、普通預金とは、期限を設けず銀行にお金を預け、いつでも好きなときに引き出せるもっとも一般的な預金の仕組みだと、ここではとらえておいてください。

ちょっと待ってください。借りるときは1％、預けるときは0・001％って、差がありすぎじゃないですか？　えっと……**1000倍**？　というか、0・001％って少なすぎませんか？

はい、でも**今は大手の銀行でも「0・001％」というのが通常**です。普通預金の平均的

な金利ですよ。

ということは、**銀行にお金を預けても、金利はほとんどつかないってこと？**

その通りです。だから梅田さんは、預けているお金に金利がついていることを実感できなかったのかもしれませんね。

そうですね、増えたと思ったことないです。

「定期預金」は少しいい金利がつく預金

このように銀行は、お客さんに貸すときは高い金利をとり、お客さんからお金を預かったときは低い金利をつけています。この差から銀行は利益を得ているというわけですね。実は、景気がよかったバブルの頃、普通預金の中には2％もの金利がつくものがありました。**「定期預金」の場合、約6％もの金利**がついたこともあります。

あ、すみません。今、出た定期預金ってなんですか？

一定の期間は引き出せない代わりに、普通預金よりも金利が高い預金のことです。預け入れ期間は1か月や3か月もあれば、1年、3年、5年、10年と様々です。途中で引き出すと利率が下がったり、解約手数料を取られたりするリスクがあります。

普通預金よりも金利は高いけど、決めた期間は基本引き出せない。「長い期間、貯めて増やす」タイプの預金、ということですね。

その通り。話を元に戻すと、昔は2%をマークしていた金利が、今は普通預金は0・001%、定期預金でも0・01%くらいですから、同じ預金の話とは思えませんよね。具体的な数値でいうと、**100万円を1年間預けたときにつけてもらえる金利が、普通預金の場合、2万円から10円に減った**ということです。

そ、そんなに……。そういえば、「銀行の金利、安すぎませんか」って聞いて「どういうこと？」となった記憶があります。正しく言い直すと、**「銀行に預けるときの金利って安す**

ぎませんか」って意味だったんですね？

その言い方でバッチリです。事業でもしていない限り、一般的に銀行からお金を借りることってなかなかないですからね。普通に生活していて銀行でお金を借りるといえば、住宅ローンや子どもの学費のために教育ローンを組むときくらいでしょう。ただし、**預けるときの金利が安いと借りるときの金利も安い傾向があり、両者はある程度連動しています。**これを踏まえると、今住宅ローンでお金を借りている人にとっては、自分の預金よりも借金のほうが多いわけですから、**今の**「**金利が安すぎる状況**」**が**「**よかった**」となるんです。

預金したときの金利が低いとはいえ、その預金残高より多い借金の金利も低いわけですもんね。

その通り！

なぜ銀行は、預金に金利をつけるのか？

ひとつ疑問なのですが、なぜ銀行はわざわざ預金に金利を載せてくれるんですか？
だってそれって、銀行からすると損じゃないですか。

一言でいうと、**お金を集めたいから**ですよ。「ちょっとでも多くして返すので、預けてくださいね」ということです。

集めてどうするんですか？

えっとですね、銀行の仕事というのは、ざっくり言うと**お客さんからお金を多く集めて、それを元手にさらに増やしていく**ことなんです。

預金してもらったお金を、さらに増やす？

まず大本にあるのは、お客さんからお金を集めること。預金はそのひとつの手段です。他にも、ドルやユーロなど、外国の通貨を両替する「外国為替《かわせ》」で手数料をとって利益を出したりもするのですが、とにかくかき集めたお金で株や土地などを買い、それをうまく売り買いしたり、企業にお金を貸して利息をもらったりして、稼いでいるんです。

預金はあくまでお金を集める一手段。ほかにも色々な方法でお金を集めてそれをさらに増やすことに使っていく、というイメージですか？

ものすごく簡単に言うとそうです！　銀行が保有するお金、つまり軍資金って、額が大きくなればなるほど有利になるんです。まとまったお金が無ければ、株や不動産などを買うこともできませんからね。これだと、レースに参加することさえできません。だから、銀行は多くのお客さんにお金を預けてほしいんです。多少金利をつけてでも、とりあえず預けてほしいというわけです。

たしかに、お金を大量に集めて、それを株や土地、企業に回してさらにお金を生む、って銀行にしかできなそうですよね。

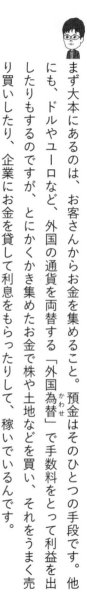

その通り。ちなみにこれを難しい言葉で「**資金の運用**」といいます。金利を上乗せすることを謳《うた》ってお客さんからお金を集める。そして、それで株や土地を買って売ったり、お金を必要としている人に自分たちがもっているお金を貸し、そのとき上乗せした金利で自分たちの利益を出す。これが、銀行のビジネスモデルといえます。

金利は「日銀」次第で決まる

そういえば、銀行って、それぞれ好きに金利を決めているんですか？「うちは○％」「なら、こっちは△％」って。

では、身近な普通預金の金利の決まり方についてお話ししましょうか。梅田さんがおっしゃるとおり、金利は各金融機関がそれぞれの基準で決めています。

じゃあ、金利が高い銀行を探せばいいわけですね！

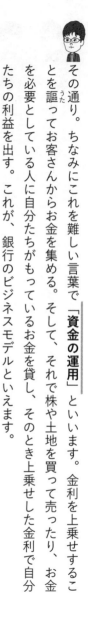

とはいえ、残念ながら**実際はどこの銀行の金利も、たいてい横並びになるものなんですよ。**
強いていうと、実店舗を持たず口座開設や振り込みなどの手続きをパソコンやスマホで行う「ネットバンク」の金利は比較的有利になる傾向がありますが、その差は普通預金であれば「0・01％」「0・1％」など1％以下の単位ですから、よほどの資産家でなければ大きな影響はないでしょう。

なんで横並びになるんですか？

お金の流れを考えれば見えてきますよ。お金の流れは実はとてもシンプルで、いちばん上流に**「日銀」**がきます。実は、どこの銀行も日銀からお金を借りて事業をしていて、ここに疑問を解くカギがあります。

日銀って「日本銀行」の略称ですよね？　一番偉い銀行的な……

ものすごく簡単に言うと、**「銀行にお金を貸し出す銀行」**です。

日銀・銀行間のやり取りで「金利」が決定していた

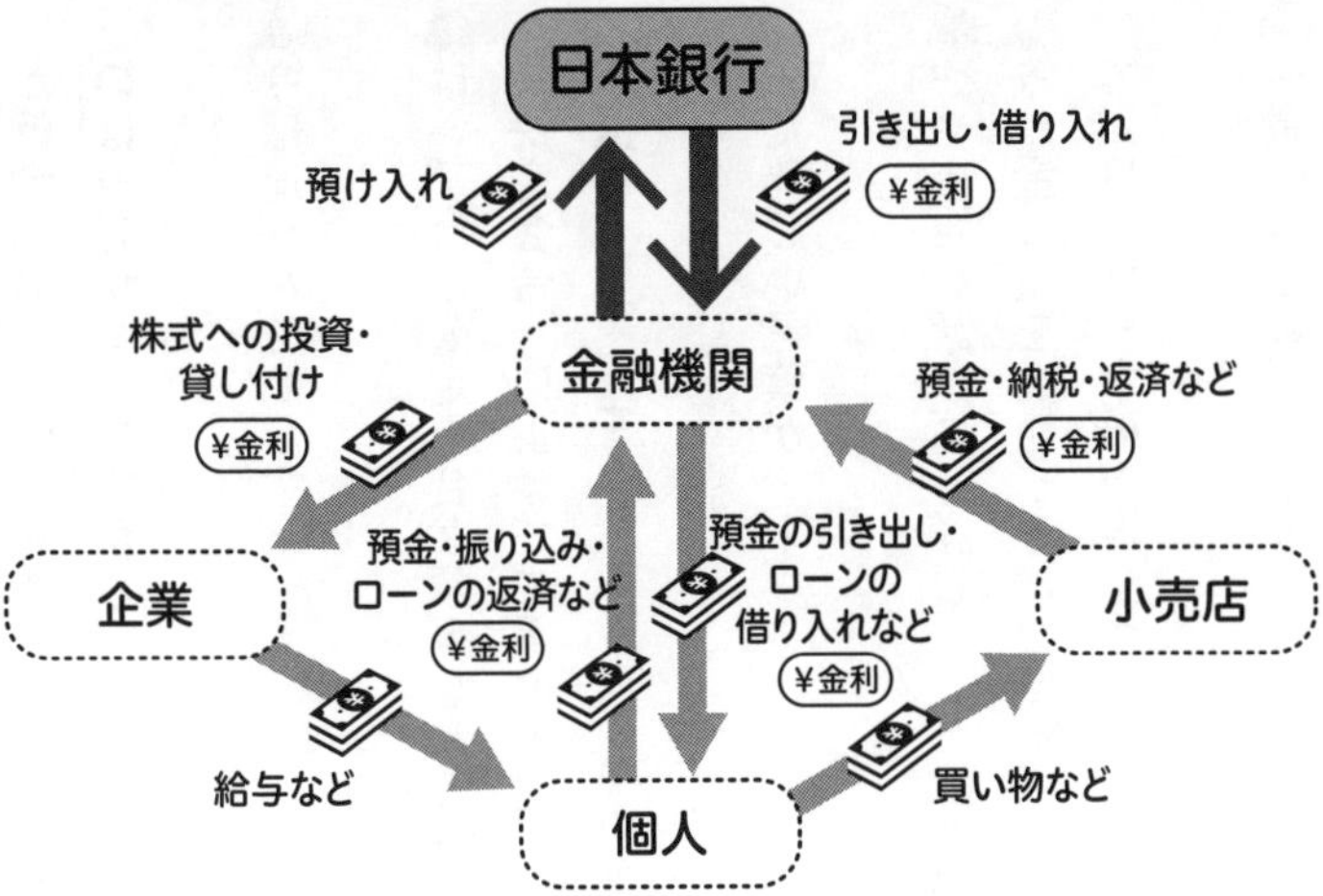

日銀からお金を借りるということは、当然そこに利子、つまり金利がつくわけですよね。

はい、その通りです！　歴史をさかのぼると、1994年頃まで、日銀は「公定歩合《こうていぶあい》」という指標に基づき金融機関に貸し出す金利を設定し、その結果として各金融機関の預金などの金利が決められていました。つまり**「銀行が日銀からお金を借りるとき」の金利は、どこも同じ。**となると、「それぞれの銀行がお客さんにお金を貸すとき」の金利もだいたい同じレベルに揃《そろ》うものなんです。すべての銀行は日銀からお金を借りて、経営をします。そう考えると、金利が似てくるのは当然ですよね。**仮にA銀行**

が低金利の貸し付けをスタートしても、結局他の銀行が即座にマネして同じくらいになるのは予想がつきますから。

今は違うんですか？

はい。今は公定歩合と預金などの金利は連動していません。その代わり、日銀は「金融政策決定会合」によって市場の金利を調節する方針を決定し、この決定に基づいて「**公開市場操作**」を実施することで世の中の金利をコントロールしています。

また難しい言葉が……

やや複雑な話なので詳しいことは省略しますが、公開市場操作とは日銀が各銀行に供給するお金の量を調節することです。この調節は日銀のみが行えて、この公開市場操作によって、日銀は日本の市場全体に出回るお金の量をコントロールしているんです。

お金の量と金利がどう関係するんですか？

一般的に、**市場のお金が増えれば金利は下がり、逆に市場のお金が減れば金利は高くなります**。たとえば、市場にお金が増えると、企業や個人の収入が増えやすくなるので、わざわざ高い金利でローンを組もうという人が少なくなりますよね。そうすると、銀行はローンの借り手を増やそうとして金利を下げます。逆に、市場のお金が減ると、「お金が足りないから、金利が高くても貸してほしい」という企業や個人が増え、金利は高くなる方向に動きます。金利には景気や物価なども複雑に影響しますが、大きな要素として日銀の存在があることは覚えておいていいでしょう。

金利には「短期」と「長期」の2種類がある

なるほど。結局、今も金利は日銀次第ということなんですね。さらに銀行間の牽制《けんせい》が働いて、どの銀行もだいたい同じ金利でお客さんにお金を貸したりお金を預かったりしている、と。

はい。ただし、ここまでお話しした金利の決め方は、普通預金や1年未満の定期預金の金

利に影響する「**短期金利**」の話です。ローンや1年以上の定期預金は「**長期金利**」に連動するので、少し仕組みが違います。

長期金利？

はい。**長期金利については、市場で売買されている「10年ものの国債」の金利がベース**となっています。つまり、10年後に満期が来て現金化できるタイプの国債ですね。

……国債……って国の借金のこと、ですよね……？

あ、国債についてはまた後で詳しく説明することにして、ここでは「国が発行する信頼度の高い金融商品」くらいに思ってください。

商品ということは、お金を出して購入するもの、ということですか？

そうです。「10年ものの国債」を10万円分買ったら、比較的いい金利が10年間ついて元の

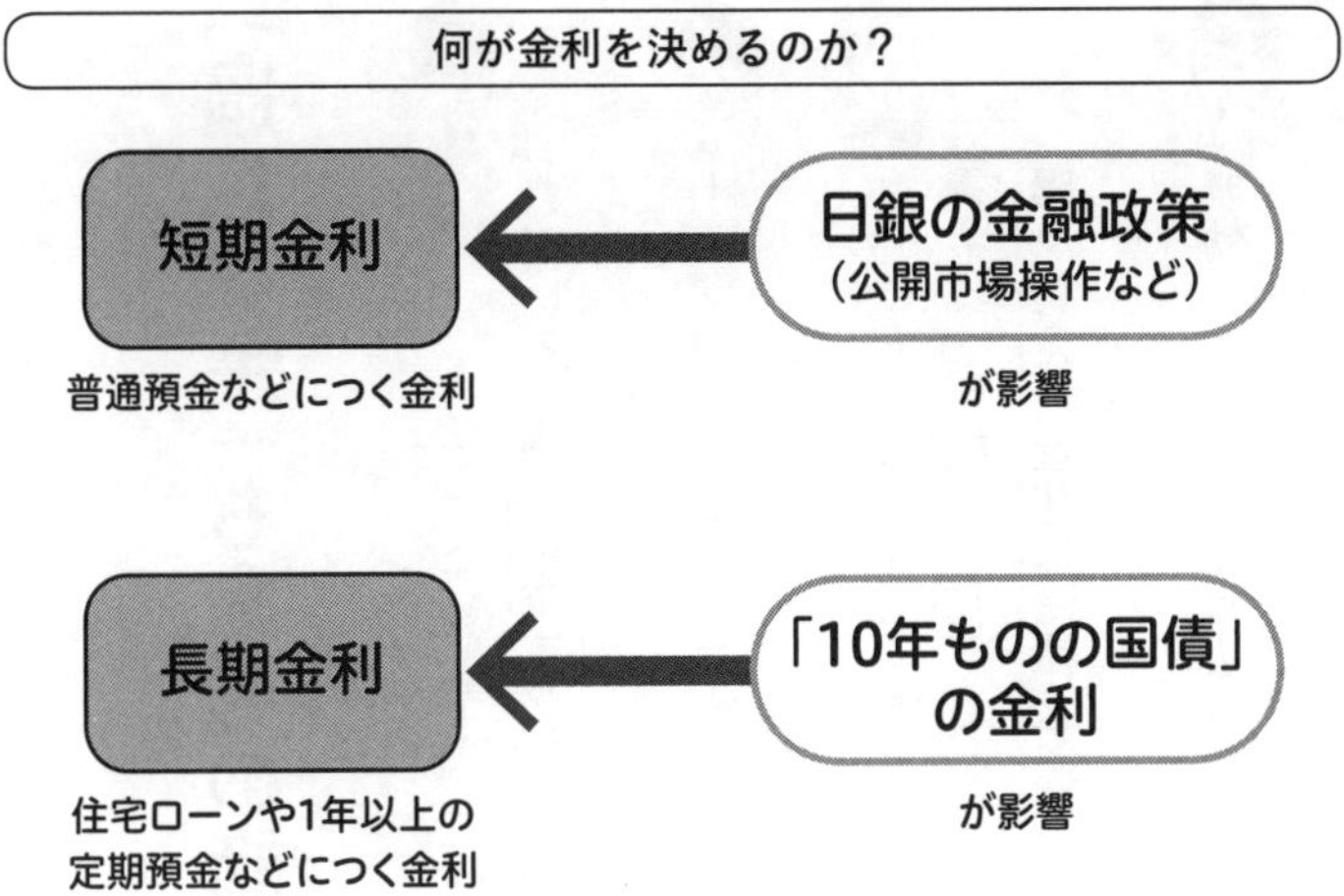

10万円が増えて戻ってくる、そんなイメージです。国債の金利は、そのときどきの国内外の景気の動向などの影響を受けて変化します。長期金利は、この国債の金利に合わせて動いていくことになります。

急に難しい話になりましたね……。でも、長期間の定期預金の金利やローンの金利も、結局他の銀行との競争になれば横並びになるものなんでしょうか？

その通り。**金利がとても高い銀行や破格に安い銀行など、極端になることはないですね。**銀行という業界内で、金利のレベルは横並びに落ち着きます。実際には「金利は他の銀行と合わせざるを得ない」といったほうが正しいかもしれ

ませんが。

「過払い金」も金利の話だった

（ちょっとここで身近なトピックを入れたほうがいいかな）ちなみに、最近ＣＭでよく流れている**「過払い金」**も金利に関するトピックですよ。知ってます？

！　聞いたことあります。あの、めっちゃあおってくる感じのＣＭですよね。

お金を借りるときに金利がつくことはわかりましたよね。この金利は、２０１０年に改正貸金業法が施行されたことにより、**15〜20%**と上限が定められています。つまり、**この上限を超えた金利は法律上無効**なんです。

無効、ということは払わなくてもいい？

そうです。ところが、法が施行される前にお金を借りて、改正後も返済を続けている人もいますよね。そういう人は、放っておくと上限を超えた金利をずっと支払うことになりかねない。つまり、金利を払い過ぎている可能性があるわけです。

払い過ぎだから、「過払い金」なんですね。

そう、**金利の過払い**です。そのような人は、貸金業者に対して過払い金の返還を求めることができます。本来は支払う必要のない金利を取られていたわけですから、これを取り戻せるというわけです。

なるほど。じゃあ、２０１０年以前にお金を借りて、今も返済している最中の人は金利のパーセンテージをチェックしたほうがよさそうですね。

その通り。また、すでに借金を完済した人であっても、過払い金の返還請求をすることができます。ただし、過払い金には時効があるため、**借金の返済が終了した日から10年以内に過払い金の返還請求を行う必要があります**が。

それにしてもここ数年、過払い金のCM、よく見ますよね。

過払い金を請求できる人が、それだけ多いということなんでしょう。自分だけで過払い金の請求をするのはハードルが高いので、弁護士に依頼したほうが安心かもしれません。弁護士に依頼するお金が手元になくても、相談は無料の弁護士事務所もあり、実際に過払い金が返還されたらその一部を弁護士報酬にすればいいというケースもあるので、過払い金に心当たりがあって不安な人は相談してみるといいでしょう。

預金に金利は「いつ」つく？

金利の仕組みについては、大体わかった気がします。じゃあ、金利って預けたお金にどんなふうにつくんですか？　1年に1回、つくんでしょうか？

普通預金の場合、頻繁に出し入れがあるので、預けている金額に対して1年を365日として日割りで計算されます。

日割り？　毎日つくってことですか？

はい、**理論的には1日ごとに金利がつく**ということです。1日の終わりの残高が100万円の場合。利率を0・001％と仮定すると、100万円×0・001％÷365＝0・02739……。つまり約0・02円が1日あたりの利息となります。

0・02円？　それだけ？

もちろん、銭とか厘の世界になってしまうので、「1日ごとに計算して、リアルタイムで口座に反映する」なんてことはしません。**実際には、1日ごとに計算した結果を1か月や半年ごとに締めて、翌月の月初にまとめて預金口座に加算されます。**0・001％の普通預金に100万円を預けて出し入れしなかった場合、半年締めでも、半年間でつく利息は5円。

半年で5円……

しかも、**利息の20・315%は税金として天引き**されますから、実際に受け取れる金額はさらに少なくなります。

金利にも税金がかかるんですね……

はい、残念ながら。

それに、1年預けても10円にもならない……。0・001%っていう金利じゃ、ほんとにほぼ増えないですね。

そうですね。金利について、もう少し突っ込んで説明しましょう。**金利のつき方には「単利」と「複利」の2種類があります。**

聞いたことあるような、ないような……

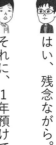

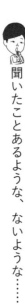

金利のつき方①——金利の計算法：「単利」か「複利」か

単利とは「毎年同額の金利が上乗せされる金利のつき方」。**複利は「もともとあるお金、すなわち元金についた金利を、次期の元金に組み入れる金利のつき方」**。言い換えると、複利の場合、「金利にも次期の金利がつく」ということになります。

金利にも次期の金利がつく？

わかりやすく言うと、**複利の場合は金利が「雪だるま式」に増えていく**計算になります。たとえば100万円を1年間預けて100万10円になったなら、**2年目は100万10円に対して金利がつく**ということです。単利と複利を比べると、同じ金額を同じ金利で同期間預けた場合、複利のほうが利息は当然多くなります。

うーん、具体的にどれくらいの違いが生まれるんですか？

たとえば、銀行に１００万円預けたとします。預けた年の金利が１％として、まずは単利で計算してみましょう。１年後には１％の金利が上乗せされて、１０１万円になりますよね。２年後には、また同じ１％の金利が上乗せされて１０２万円。３年後には、１０３万円になります。

一方、複利だと？

１年後には１％の金利が上乗せされて、１０１万円になる。２年後には「１０１万円」に１％の金利が上乗せされて、１０２万１００円に。**３年後には「１０２万１００円」に１％の金利が上乗せされて、１０３万３０１円になる。**

たしかに、複利のほうがお得ですね。３年後を比べると３０１円の差がついている！

今は預金の金利が低いので、現実には単利でも複利でもそこまで大きな差はありません。でも、複利のインパクトを感じてもらうために、あえて毎月１万円ずつ、金利１％で30年積み立てたと仮定してみましょう。単利であれば利息の総額は３万６０００円ですが、複

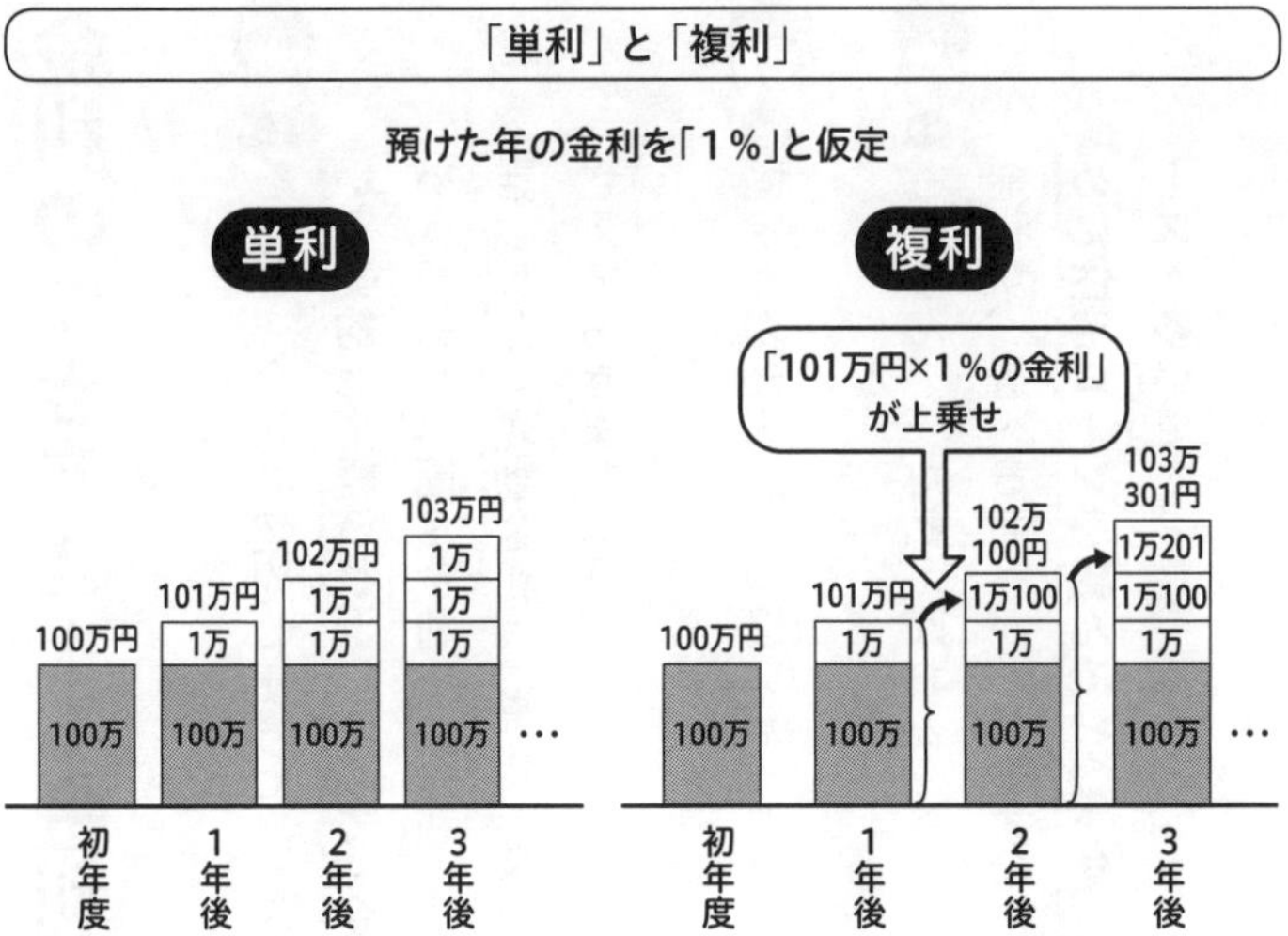

利であれば約59万円まで跳ね上がります。

めっちゃ差がついてる……絶対複利を選ぶべきですね！

一般的には、定期預金の**「元利自動継続」**というタイプを選べば何も言わなくても複利の設定になっています。定期預金の満期が来たら、自動的に利息も含めた金額で新たな定期預金に乗り換えてくれるので、長く預ければ預けるだけ複利の効果でお得、ということです。ただし、**借金の場合、複利だと逆に返す金額が増えることになるので要注意**です。

そ、そうですね……

金利のつき方②——金利の契約法：「固定」か「変動」か

それと、金利の契約の仕方には2種類あることもポイントです。**「金利はずっと同じ」という契約**と、**経済状況に応じて「金利が変わる」という契約**です。「金利はずっと同じ」という契約が「**固定金利**」。「金利が経済状況に連動して変わる」という契約が、少し前にお話しした「**変動金利**」。単利・複利の違いも大切ですが、固定金利・変動金利の違いもおさえておきましょう。

固定と変動……この違いが一般の生活に関係してくることはありますか？

もちろん！　たとえばお金を長期間銀行に預けるとき、定期預金の中には固定金利か変動金利か、選べる商品があります。反対に**銀行からお金を借りるとき、たとえば家を買うために住宅ローンを組んでお金を銀行から借りるときにも、固定金利か変動金利か、選ぶケースが多い**です。

損得を計算しながら固定金利か変動金利か、選ばなきゃいけないってことですね。

そうです。「金利はこれからどうなるのか」を予想しながら、2つの契約のうちどちらが自分にとって得なのか、吟味することになります。さらに、**同じ固定金利でも固定にする年数を選ぶことができます**よ。たとえば「10年固定」というタイプのローンであれば、ローンを組んでから最初の10年間は固定金利ですが、あとの返済期間は変動金利になります。

けど、金利が上がったりするリスクを考えると、変動金利は怖いですよね。ローンを組む際、固定金利を選ぶのがオーソドックスなんですか？

そうとも限らないですよ。**固定金利の場合、変動金利よりも金利が高く設定されている**ものなんです。ですから、「金利は今後上がらない」のであれば変動金利が有利ですし、逆に「金利は今後上がる」とふんだ場合は固定金利、ということになりますね。

将来の金利のことなんて、僕、まったくわかりません……

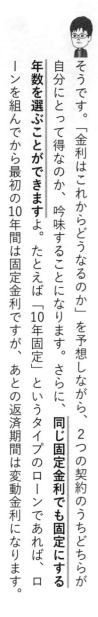

もちろん、みんなそうですよ。でも、**いくら変動金利といっても、突発的な天災や世界情勢の変化などがない限り、金利の値が突然大幅に上がったり下がったり、なんてことはほぼありません。**

なるほど。僕が固定金利か変動金利か頭を悩ませる場面は、やっぱり住宅ローンを組んで家を買うときですか？

そうですね、**圧倒的多数の人たちに関係するのは、「住宅ローンを組むのだけれど、どちらがいいか」という場面**です。その問題に集中してお話ししましょうか。

はい、お願いします！

「家」を買うときの金利

ちなみに、変動金利よりも固定金利のほうが高く設定されているということですが、実際

今、どれくらいの数値なんですか？

みずほ銀行の金利を例に見てみましょう。変動金利は2020年2月に借りた場合で0・625～0・875％、固定期間が最も短い「固定2年」の場合は0・70～0・95％で、最も長い「固定31～35年」は1・19％です。

あまり変わらないような……

そうですね。私が住宅ローンを組んだのは2009年ですが、当時は変動金利は1％程度、30年以上の固定金利は3％程度あったので、それなりに差はあったのですが、ここ数年は固定金利も下がってきているようですね。結局私は1％未満の変動金利でローンを組んだのですが、**あの時点で固定金利を選んでいたらずっと3％の利息を払っていた**ことになるので、変動金利にしてよかったと思っています。

ローンを組む時点で変動金利と固定金利の差を見るのはマストですね。もし固定金利で3％、変動金利が1％前後で推移するのなら、たとえばローン返済にはどれくらい違いが生

じるんですか？

仮に、変動金利の1%という値が「35年間、変化しなかったら」というちょっと非現実的な仮定でシミュレーションしてみましょう。3千万円を35年で返す住宅ローンの場合、「固定金利＝3%」だと支払い総額は4849万円。「変動金利＝1%」だと支払い総額は3557万円。つまり、**変動金利のほうが固定金利より約1300万円安くなります**。

そんなに違ってくるんですか！

ただ、忘れないでください。このシミュレーションは、**「このまま金利が変わらなければ」というあり得ない条件つきの試算**です。実際のところ、変動金利は定期的に見直され、世の中の景気、つまり株価や為替やら、経済の大きな流れを反映して推移します。つまり、「安い」と思った変動金利が、想定外の出来事によって大幅に上がってしまうこともあり得ますし、固定金利より高くなる可能性だって理論的にはゼロじゃない。

住宅ローンって「何十年」と長期で組むイメージがあります。期間が長ければ、何かが起

きるリスクも高くなりますよね……

はい。変動金利って、まるで生き物のようにとらえどころのない動きをするというか……変動金利の動きを予測することは、一種の博打《ばくち》なんです。

かといって、固定金利を選ぶとずっと高い金利を払うことになるし……なんだか家を買うのが恐くなってきました。

ただ、住宅ローンは**「借り換え」**という、新たに住宅ローンを組んで古い住宅ローンを完済するという方法を利用することができます。私の住宅ローンも、ひとまずこの10年は変動金利のままですが、今後は固定金利に借り換えするかもしれません。

借り換えって、具体的に何をどうすることですか？

たとえば、変動金利で借りた住宅ローンの残高が2千万円あるとしましょう。そこで、固定金利で2千万円を借りて、変動金利のローンを返済すればどうなりますか？

変動金利の住宅ローンがなくなって、固定金利の住宅ローンが残る……？

はい。こうすれば、変動金利から固定金利にシフトできますよね。ただ、借り換えにはあらためて銀行の審査が必要ですし、手数料が数十万円単位でかかってくるので、やはり最初から最適な住宅ローンを組めるのがベストはベストです。

「景気の悪化」で金利は下がる

でも、先読みは難しいんですよね。世の中全体の金利がどうなっていくかって、どんな賢い人にも読めないものなんですか？

そうですね。**戦争や災害、社会情勢や国際情勢**など様々な要因に左右されますから。

じゃあ、2020年の「オリンピック」を考えた場合、どうでしょう。一般的に、**「オリンピックが終わると景気が悪くなる」**ってよく言われますよね。もし本当に景気が悪くなっ

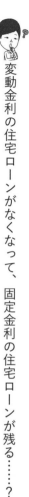

たとしたら、金利はどうなるんでしょうか？　世の中の景気と金利の関連がわかれば、ローンを組む参考にもなるかと思いまして。

景気が悪くなると、普通は金利が下がります。

な、なぜですか？

不景気のとき、経済を活性化させるには市場のお金を回す必要があります。でも、金利が高いと「借りたくても借りられない」ということが起こります。そこで、お金を借りたい人が借りやすくなるように、日銀が金利を下げようとするわけです。すると、連動して「銀行から借りるときの金利」も下がります。

さっき、「銀行に預けるときの金利と借りるときの金利は連動している」と伺いました。ということは、「世の中の金利が下がる＝借りるときの金利も、預けるときの金利も、両方下がる」ということですか？

はい。たとえば金利が下がっている状況で、ある銀行、たとえばA銀行だけが、もし預金金利を上げたら、どんなことが起こると思いますか？

もちろん、話題になって、大勢のお客さんが「預金したい！」と詰めかけますよね。他よりも金利が高いわけですし。

そうです。A銀行にはどんどん預金、つまり資金が集まってきます。ところが、世の中は金利が下がっているわけです。企業への貸出金利も低い。すると、A銀行も貸出金利を低くしないと、せっかくたくさん集まってきた預金を運用する先が見つからないということになります。しかし……

高金利で集めたお金を、低い金利で貸しても儲からない……

その通り。でも、だからといって約束通り、預金金利を上げたままでいたらどうなるでしょう。銀行は儲かっていないのに、他よりも高めの預金金利を払い続けることになり、損失を抱えることになります。そんな状態が続けば、A銀行は破綻してしまいますよね。だ

預金金利と貸出金利が「連動」する背景

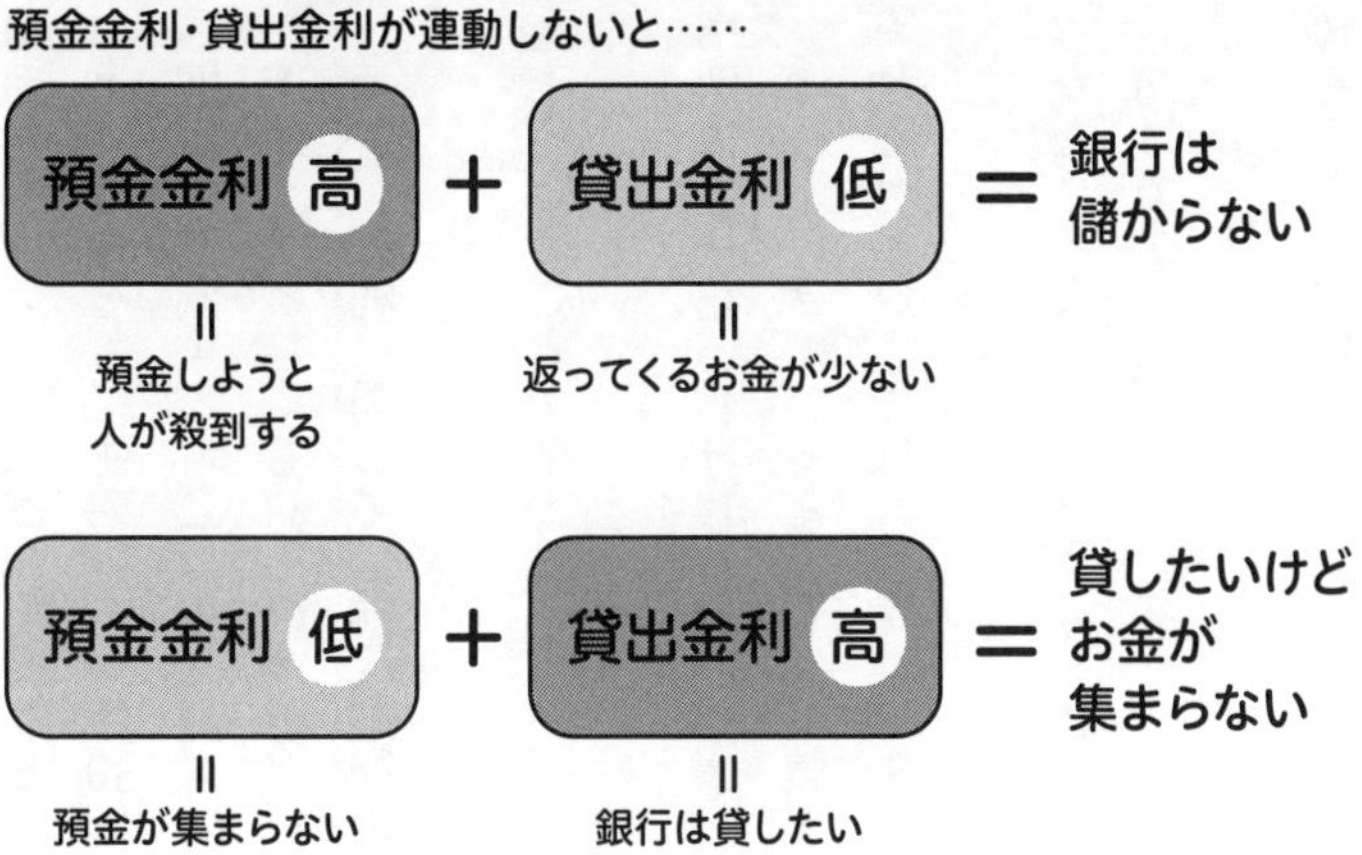
預金金利・貸出金利が連動しないと……
預金金利 高
＋
貸出金利 低
＝
銀行は儲からない
＝
預金しようと人が殺到する
＝
返ってくるお金が少ない
預金金利 低
＋
貸出金利 高
＝
貸したいけどお金が集まらない
＝
預金が集まらない
＝
銀行は貸したい

から、**日銀が金利を下げたら、どこの銀行も「貸し出すときの金利」「預かるときの金利」同時に下げることになり、世の中にお金が回りやすくなる**のです。これが、金利が連動するカラクリです。

「変動金利」でローンを組むリスク

ということは、「オリンピック後、景気が悪くなる」と仮定すると……景気が悪くなると、金利は下がりますよね。金利はこれから下がる、ということは、オリンピック後にローンを組むなら「変動金利を選ぶのが有利」と言えるんでしょうか？

理論だけで考えれば、そんな傾向を導けます。けれど、**先読みってとっても難しいんですよ。**そもそも、住宅ローンは30年以上かけて組むことが一般的ですから、30年先までを見据えて予測することは相当難しいでしょう。２０２０年の東京オリンピックの後に金利が下がったとしても、その後上がる可能性も十分考えられますから。しかも、**今の日本経済って、金利に関しては前代未聞の状況なんです。**

どういうことですか？

別に煽《あお》りたいわけじゃないんですが、**「これ以上、金利を下げようがない」**というぐらいの段階にきているんです。景気がそこまでよくなっていないのに、金利がこれ以上下げられないというのは、想定外の事態なんです。

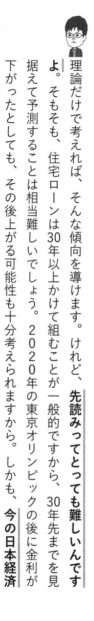

だとすると、金利が下がりようがない中、変動金利で数十年のローンを組むのは、大きな賭けですよね。

そうだと思います。「金利を下げられない＝変わるとしたら上がる」という見立てもたちますので。とにかく、住宅ローンの金利に関しては、**「景気がよくなる＝金利が高くなる＝返すときに多めに返すことになる」「景気が悪くなる＝金利が低くなる＝返すときに少なめに返すことになる」**という点をおさえておけばいいのではないでしょうか。

あと、とりあえず「金利＝利子」で、「借りている間は変わらない『固定金利』」と「そのときどきの世の中の金利に連動する『変動金利』」がある点を理解しておけば、ローンを組むとき「知らなかった！」と慌てることはなさそうですね。

金利に関してまとめると、次のような感じですね。

①金利＝利子。銀行に預けても、借りてもついてくる。

②金利の計算の仕方には、「単利」と「複利」の2種類がある。

- **単利……元金に対して毎年同額の金利が上乗せされる。**
- **複利……元金と金利の合計額に対して、毎年金利が上乗せされる。つまり、利子にも利子がつくため、単利よりも金利が多くなる。**

③金利のつき方の契約には、「固定金利」と「変動金利」の2種類がある。ローンを組んだりするときに選ぶことになる。

・**固定金利……「金利はずっと同じ」という契約。**

・**変動金利……「日銀の動きや他の経済状況に連動して変わる」という契約。**

＊「借り換え」をすることで、固定金利と変動金利を切り換えることができるが、手数料がかかる。

④景気がよくなると、「預けるときの金利」「借りて返すときの金利」ともに上がる。景気が悪くなると、「預けるとき・返すときの金利」ともに下がる。

住宅ローンを組むときに、金融機関の人たちは「固定金利とか、変動金利とか、知ってますよね」という前提で詳しく説明せずに話をサクサク進めてくることも多いので、ぜひこの基本的な点はおさえておきましょう！

金利、ざっくりわかった気がします！

COLUMN

「ゼロ金利」って何？

「金利」の話に関連して、**「ゼロ金利」**という言葉を見聞きしたことはありませんか。

これは、読んで字のごとく「金利がゼロ」。つまり、**「日銀が銀行にお金を貸すときの金利が（限りなく）ゼロに近づく」**という意味です。日本経済が危機的状況に陥っていた1999年2月以降に行われた**「ゼロ金利政策」**からきた言葉です。

日銀がお金を貸すときの金利を（ほぼ）ゼロにすると、「お金を借りたい」と多くの銀行が詰めかけるはずです。それこそが、ゼロ金利政策の狙い。多くの銀行が日銀からゼロ金利でお金を借りると、銀行も連動して金利を下げます。すると、一般の人たちが銀行からお金を借りやすくなります。その結果、社会全体にお金が流通し、景気の上向きが期待できる、というわけです。

もちろん銀行も商売ですから、お客さんにゼロ金利のまま貸すことは考えにくいもの。とはいえ、「タダ同然で日銀から借りたお金だから」と、一般の人たちに貸すときも非常に低い金利になります。つまり、**0％に限りなく近い金利のままになる**はずです。

ゼロ金利というと、ネガティブなイメージがあるかもしれませんが、それは「銀行にお金を預けたとき」のケース。**「銀行からお金を借りるとき」（たとえば住宅ローンを組むときなど）は、ゼロ金利はありがたい**ということになります。

なお、2016年1月からは日銀による**「マイナス金利政策」**が実施されています。

これは、民間の銀行が日銀にお金を預けた場合、預金の一部の金利

COLUMN

を〝マイナス〟にするということ。預金をしている銀行が逆に日銀に金利を払うことになるため、預金の引き出しを促し、企業への貸し出しや投資を増やして市場を活性化させる効果があるとされています。

なお、金利がマイナスになるのはあくまで民間の銀行が日銀に預けている預金の一部に対して。個人が各金融機関に預けている預金金利がマイナスになって預金残高が減るわけではありません。

1章

「源泉徴収」ってなにが徴収されているんですか？

源泉徴収・年末調整・確定申告の話

「源泉徴収」されると損する？

長年の不安だった金利についてはわかったのですが、僕が会社で働いていて、よく見聞きするけどいまいち意味がわからない言葉もたくさんあるんです。たとえば**「源泉徴収」**。毎年、必ず見聞きするんですが、その実態がわからないんです。社会人として知っておいたほうがいいとは思うんですが、「源泉」って言葉が難しくて意味を推測できず……

梅田さんのイメージでは、源泉徴収はどういうものですか？

「徴収」とつくくらいだから、**何かをとられている**という感覚です。

「とられている」という表現は正解。厳密にいうと、源泉徴収とは**「会社などの組織が税務署の代わりに、従業員にかかる税金を毎月あらかじめ引いておくこと」**です。ここでいう源泉とは、「金銭が発生するところ」という意味。つまり、**「税金が発生するタイミングで引いておきますよ」**というのが源泉徴収の意味するところ。なので、決して悪い制度じゃ

ありませんよ。

イメージしてたのと違う……

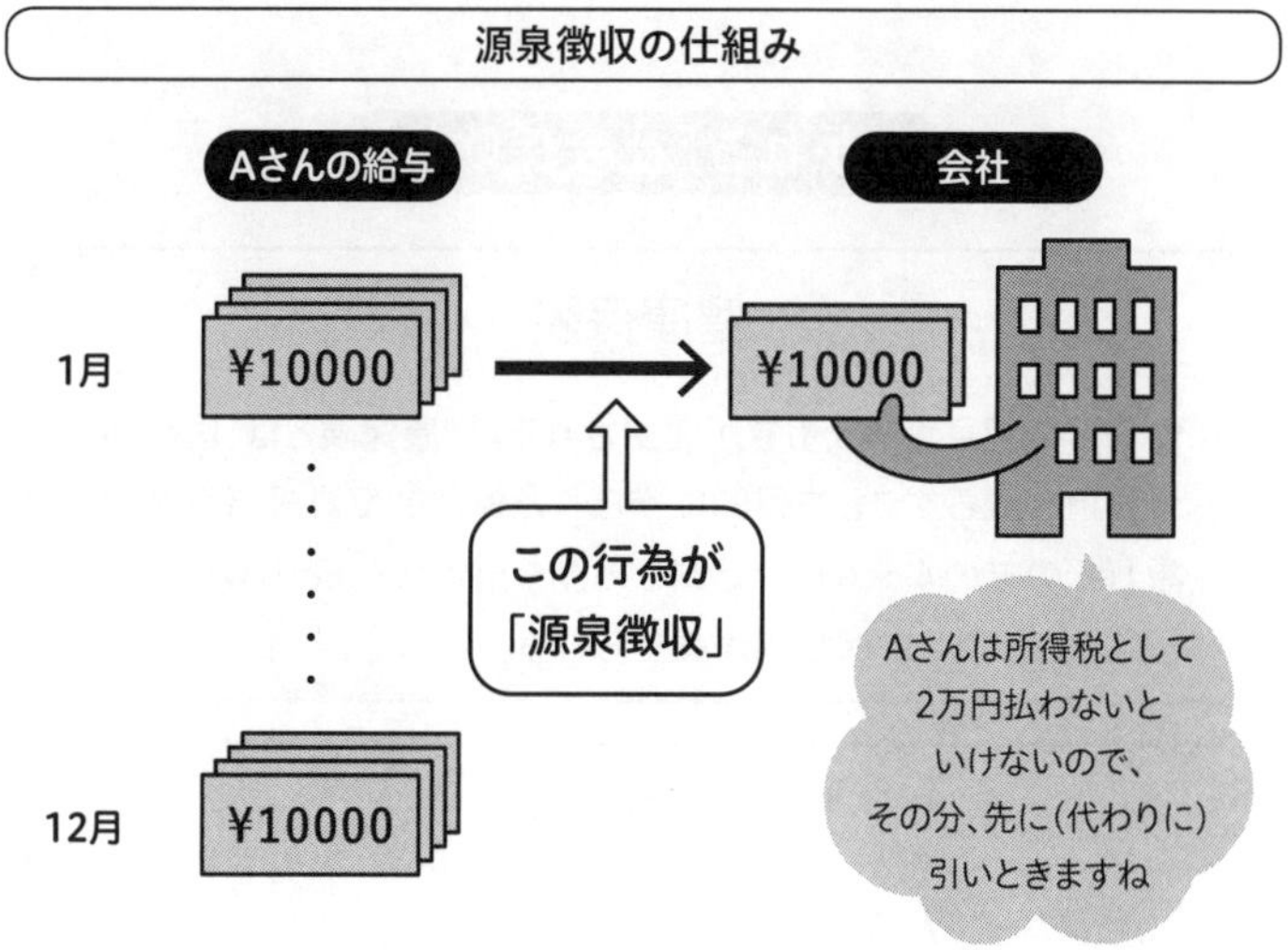
源泉徴収の仕組み
Aさんの給与
会社
1月
¥10000
¥10000
12月
¥10000
この行為が
「源泉徴収」
Aさんは所得税として
2万円払わないと
いけないので、
その分、先に(代わりに)
引いときますね

従業員には、毎月会社から給料が支払われますよね。すると、そこには従業員個人が支払うべき**「所得税」**が発生します。けれども、全国の会社員が納税のための手続きを自分でするとなると、手間も時間もとてつもなくかかります。だから**総務や人事、もしくは経理の担当者が、毎月、会社員に代わって税金を納めてくれている**んです。ちなみに、会社員である梅田さん個人が毎月払うべきものはざっとこんな感じ。

え、こんなに引かれているの？

引かれる「社会保険料」

健康保険

勤務月の翌月から天引きが開始される。健康保険とは、医療費の負担を減らすことを目的に作られた保険制度。「標準報酬月額」(その年の4～6月の給料から割り出される、その年の見なし月収)に対して、保険料が課せられる。

介護保険

40歳になってから天引きが開始される。

介護保険とは、介護を必要とする人に給付される保険制度。「標準報酬月額」に対して、保険料が課せられる。40歳の誕生日の前日が属する月(4月1日に40歳になる人はその前の3月)から天引きで納付する。

厚生年金

勤務月の翌月から天引きが開始される。厚生年金とは、高齢者の生活を補償するための保険制度。「標準報酬月額」に対して、保険料が課せられる。**「払った分、将来もらえる」イメージ**。

雇用保険

初任給から天引きが開始される。雇用保険とは、失業した人が一時的に給付を受けることができる保険制度。

給料から引かれるもの

引かれる「税金」

所得税

給与所得額に対して課される税金。毎年1月1日〜12月31日までの課税所得※に対して求められる。ただし課税所得額により、税率は変動する(税率は5%〜45%の7段階)。

基本的に所得税は、毎月の給料から勤務先の企業によって天引きされる。そして天引きした分を企業が納税する。これは「**企業が納税を代行している**」と考えるとわかりやすい。とはいえ、「天引きした分」と「実際の納税額」の間には差額が生じやすい。その差額を適正にする作業が、毎年12月頃に行われる「**年末調整**」。「多めに払いすぎているため、戻ってくる」というケースが多い。

住民税

前年度の課税所得によって5月までに住民税額が決定される。そのため、社会人2年目の6月分から都道府県民税と市町村民税の合計として住民税の天引きが開始される。**課税所得に連動する「所得割」10%と、固定税額の「均等割」5千円を合計した金額が、標準税率**とされている。

自治体によっては標準税率をアレンジしているが、**住んでいる地域による差は意外と少ない**。財政破綻によって住民税が高いイメージのある北海道の夕張市も、平成28年度までは均等割が標準税率より500円加算されていたが、平成29年度以降は均等割・所得割ともに標準税率と同じ。一方、住民税が安いとされる愛知県名古屋市の場合、所得割は9.7%と低いものの、均等割は5300円と高めに設定されている。

※課税所得については、80ページの図を参照。

はい。このうち、「会社があらかじめ所得税を引いておきますよ」というのが源泉徴収です。

（ゴソゴソゴソ）これ、僕のある月の給与明細なんですが、「所得税18550円」と書かれています。これは、給料の全体から「源泉徴収として、会社が僕の代わりに18550円納税してくれた」ということなんですね。

その通りです。

ほかに「住民税30000円」とも書かれているんですが、これも源泉徴収として、会社が僕の代わりに納税してくれた分なんですか？

会社が梅田さんの代わりに納税していることは同じなのですが、住民税の場合、「特別徴収」と言われます。名前が違うだけで**住民税も給料から引かれる項目なのですが、納め先が国ではなく、梅田さんが住んでいる地方自治体になります。**

「所得税18550円」は、僕の代わりに会社が国に納税してくれる。「住民税30000

給与明細のどこを見れば「源泉徴収」がわかる？

「社会保険料」として給料から天引き

給与明細

所属
氏名

令和○年○月
株式会社○○

支出明細

基本給	役職手当	家族手当	住宅手当	資格手当
250,000			20,000	
時間外手当	特別手当	通勤手当		
22,000	14,000	8,000		

総支給額
314,000

控除項目

源泉徴収　特別徴収

健康保険	介護保険	厚生年金	雇用保険	所得税	住民税
20,000		20,000	1,000	18,550	30,000
財形貯蓄	生命保険				
5,000					

差引給額
94,550

「納めるべき税金」として企業が天引き（ただし、所得税は概算で徴収されるので、年末時に「年末調整」で再計算される）

円」は、僕の代わりに会社が在住区に納税をしてくれる。納め先と名称は違うけど、やっていることは同じ。そういうことですよね！

バッチリです。税務署や地方自治体の職員だって、全国の会社員が納税のために窓口に毎月押し寄せたら、とても対応しきれません。だから、法律を作って、国に代わって会社に税金を先に徴収してもらっているわけです。

ちなみに、**源泉徴収と特別徴収は給料や報酬を支払う側、梅田さんでいえば給料を払う会社側に行う義務があります。**

支払い者が義務者、と。

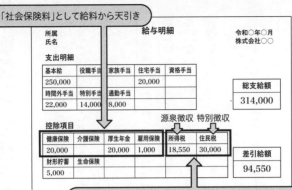

「年末調整」って何を調整するんですか？

そういえば、年末が近づくと、会社の総務に家族の情報とか生命保険に入っているかどうかとか報告することがありました。たしか「多めに源泉徴収しているから、書類を書いて提出して」とかなんとか説明された気が……

「年末調整」のことですね。**源泉徴収で毎月差し引かれる所得税額と、実際の所得税の税額にはギャップがあります**。そこで、1年に1度、年末調整で所得税の再計算をするルールになっているんです。さらに、年末調整でその年の税金の対象となる「課税所得」金額を確定させることによって、翌年6月以降に天引きされる住民税が決まります。

なぜギャップが生じるんですか？　最初からちゃんとした金額で引いておけばいいような……

所得税や住民税は、給料の金額だけで決まるものではありません。**「所得控除《こうじょ》」**も税額に

影響するので、年末調整で所得控除をきちんと計算して、税額を再計算する必要があるんです。「控除」とは金額を差し引くことを意味します。

??　所得控除？　すみません、その辺から置いていかれました。

「給与所得控除」はサラリーマンの〝見込み経費〟——「所得税」の決まり方

では、ゼロからお話ししますね。まずおさえてほしいのが「所得」と「所得控除」という2つのキーワードの違いです。順番に所得から見ていきましょう。

お、お願いします。

所得というのは、収入から必要経費を引いた金額です。ざっくり説明すると、商売をしている人が年間500万円を売り上げて、必要経費が100万円かかったのなら、差引40

0万円が所得ということです。所得税は、文字通りこの所得に対してかかる税金です。

儲けた分という感じですね。でも、僕はサラリーマンなので、必要経費と言ってもピンときません。

そうですよね。でも、会社員の場合、収入を基準に**「給与所得控除」というものが自動的に算定されて差し引かれる**んです。だから、私たちフリーランスのように、わざわざ経費のレシートを集めて集計しなくてもいい。あ、**この「給与所得控除」は、先ほど出た「所得控除」とは別物**ですから混乱しないようにしてくださいね。

所得控除≠給与所得控除、と。

「給与所得控除＝サラリーマンの必要経費」くらいのイメージで十分です。**要は何もしていなくても、収入から給与所得控除を引いてくれるんです。**その引かれて残った金額で、税金が決まってくるんです。

税金は「給料」にかかるわけではない

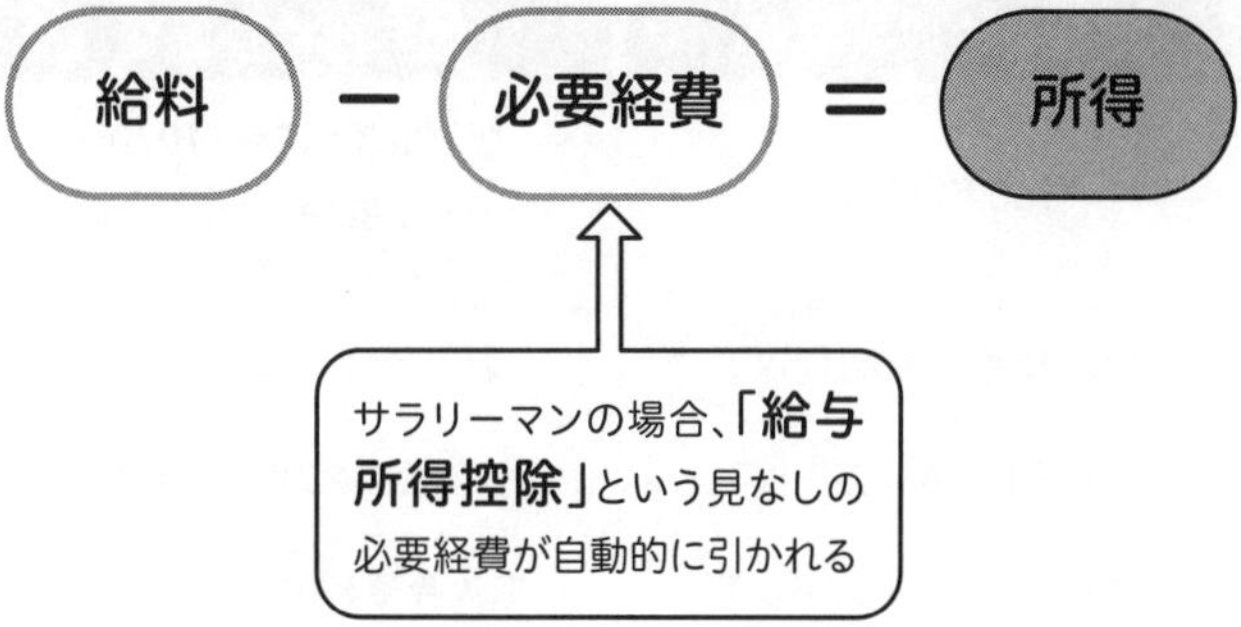
給料
－
必要経費
＝
所得
サラリーマンの場合、「給与所得控除」という見なしの必要経費が自動的に引かれる

ということは、めちゃくちゃありがたい制度ですよね。でも、なぜ自動的に引いてくれるんですか？

日本の労働者の大半は会社員ですから、その全員が実際の経費を申告しても、税務署でいちいち審査をすることは不可能です。かといって会社にこの負担を押しつけるわけにもいかない。だから、**「会社員として働くために、衣服や筆記用具、交通費などで大体これくらいのお金がかかっているだろう」という額を一律に定めて、それを「必要経費として前もって認めておく」という仕組みになっているんです。**

実際に申請するとなると、本人も会社も税務署も大変だから「見なしの必要経費」が定められてい

給与所得控除はMAX「195万円」

※令和2年分以降

給与等の収入金額	給与所得控除額
180万円以下	収入金額×40%−10万円 ＊55万円に満たない場合は「55万円」控除
180万円超　360万円以下	収入金額×30%+8万円
360万円超　660万円以下	収入金額×20%+44万円
660万円超　850万円以下	収入金額×10%+110万円
850万円超	195万円(上限)

国税庁「No.1410　給与所得控除」を基に作成

るんですね。

はい。ちなみに給与所得控除の計算方法は次の表を見てください。たとえば**年収600万円のAさんの給与所得控除は「収入金額×20%+44万円」=164万円**になります。したがって「600万円−164万円=436万円」がAさんの所得ということですね。

思ったよりたくさん引いてくれるんですね。でも、万が一、給与所得控除よりもたくさんの必要経費を払っていた場合は損ということになりませんか?

給与所得控除の2分の1を超える必要経費を支払ったときは、「**特定支出控除**」というル

ールを使うことができます。ただ、実際に使える人はあまりいないでしょう。サラリーマンなら仕事で使った費用は会社の経費としてその都度精算してくれますから。自己負担で多額の必要経費を払うことはあまり考えられません。

「所得控除」で納税額が低くなる

所得のことは理解できたと思います。もうひとつ、何でしたっけ？

「**所得控除**」ですね。こちらは、**給与所得控除を引いた後の所得からさらに差し引けるもの**と考えてください。所得控除には、たとえば配偶者を扶養しているときに使える「**配偶者控除**」や、医療費がたくさんかかったときの「**医療費控除**」といったものがあります。

必要経費が引けるのに、どうして所得控除もあるんですか？

たとえば年収1千万円のサラリーマンの人が2人いたとして、ひとりは独身で1年間病気

「所得控除」は大きいほど得

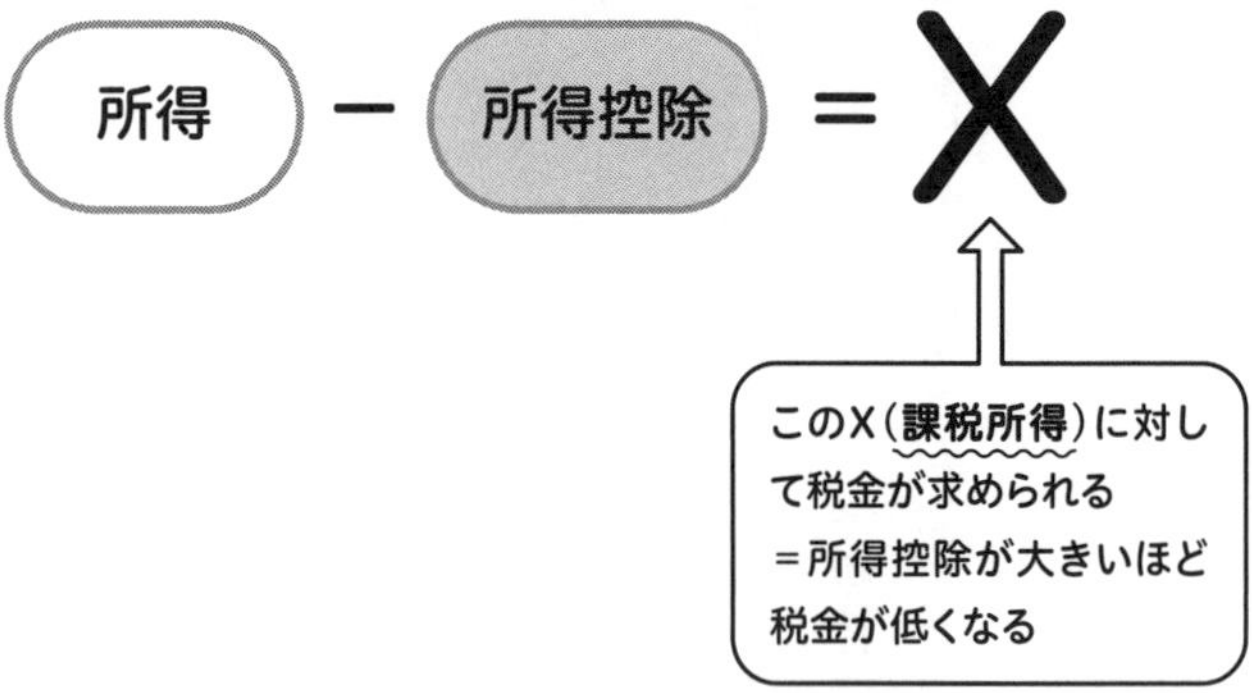
所得
－
所得控除
＝
X
このX（課税所得）に対して税金が求められる
＝所得控除が大きいほど税金が低くなる

をしなかったけれど、もうひとりは家族の病気で医療費を500万円支払ったと考えてみてください。この2人の税金がまったく同じだと、不公平に感じませんか？

たしかに。家族の分だけ出費も多いうえに、さらに病気という不運も重なったのに同じだけ税金を負担しないといけないとしたら不満が出ますよね。フェアじゃないというか……。では、具体的に所得控除はどんなふうに税金に影響するんですか？

所得税や住民税は、所得から所得控除を引いた後の数値に税率を掛けて求められます。なので、**所得控除が大きくなれば、その分税金は少なくなる**。それが所得控除の考え方です。

「扶養控除」――幼い子どもは対象外!?

じゃあ、どうすれば所得控除を受けられるんですか？

所得控除にはどんなものがあるか、簡単に見てみましょう。まずはすべての納税者が対象の「**基礎控除**」。所得額によって変動しますが、所得が２４００万円までなら控除額は48万円、２４００万円から２４５０万円までなら32万円、２４５０万円を超えて２５００万円までの人は16万円、そして２５００万円を超えると控除額が０円になります。

……よっぽど稼がないと48万円引いてもらえると思っておきます。

それから、扶養親族がいる場合に受けられる「**扶養控除**」。年間所得が48万円以下の配偶者がいると受けられる「**配偶者控除**」。自分で加入している民間の保険会社の保険料が対象の「**生命保険料控除**」「**地震保険料控除**」。世帯全体の医療費が対象となる「**医療費控除**」……。ほかにもたくさんあるので、表を参考にしてください。

所得控除ってたくさんあるんですね。ただ、多すぎてよくわからないというか……

では、梅田さんに関係ありそうな扶養控除についてお話ししましょう。こちらは控除対象扶養親族、つまり**養っている家族や親族が増えると受けられる所得控除**です。控除対象扶養親族1人につき38万円から63万円の扶養控除額となり、所得から差し引けます。所得から控除される額の条件は、16歳以上の人は38万円。19歳以上23歳未満の人は63万円。70歳以上の同居老親、つまり同居している親を扶養していれば58万円、別居の親などを扶養していれば48万円です。

あれ？　扶養って「人を養う」ってことですよね？　けど、小さい子どもや小中学生は入っていませんよね？　僕には2歳の子どもがいるんですが、扶養控除を受けられないということですか？

はい、実は**16歳未満の子どもは扶養控除の対象になりません**。15歳までのお子さんがいると、通常は国などから「児童手当」を支給されるので、児童手当がなくなるタイミングで代わりに扶養控除を使えるようになるんです。ちなみに、16歳の誕生日を迎えたから16歳

受けられる「所得控除」の種類

控除項目	概要
基礎控除	納税者が「一律対象」になっている控除。
社会保険料控除	「社会保険料」(厚生年金・国民年金など)を払った場合に受けられる。
生命保険料控除	「生命保険料」を払った場合に受けられる。
医療費控除	病院等で一定額以上の医療費を払った場合に受けられる。
扶養控除	「扶養家族」(16歳以上の子ども等)がいる場合、受けられる。
配偶者控除(配偶者特別控除)	控除対象となる「妻・夫」がいる場合、受けられる。
雑損控除	災害・盗難などによって被害を受けた場合に受けられる。
地震保険料控除	「地震保険料」を払った場合に受けられる。
寄附金控除	寄付をした場合に受けられる(要件あり)。**「ふるさと納税」**はここに該当。
障害者控除	納税者やその家族が所得税法上の障害者に該当する際に受けられる。
寡婦《かふ》(寡夫)控除	配偶者と「離別」もしくは「死別」した際に受けられる。
勤労学生控除	納税者が「勤労学生」の場合、受けられる。
小規模企業共済等掛金控除	指定の「共済」や「個人型年金」(iDeCo)などの掛け金を払った場合に受けられる。

国税庁「No.1100　所得控除のあらまし」を基に作成(各控除の詳しい要件は国税庁HPで)

とみなされるわけではなく、**12月31日の時点で16歳か否かでその年の控除を受けられるかどうかが決まります。**

？　どういうこと？

12月31日生まれの人は、その年1年間は16歳だったと見なされ、扶養控除は満額カウントしてくれます。しかし、翌日1月1日生まれだと、ほぼ1年待たないと所得控除は受けられません。

1日違いで控除のスタートに1年の差が生まれるんですね……。いずれにせよ、僕くらいの世代の人が扶養控除を使う機会はなさそうですね。

そうかもしれませんね。でも、たとえ同居をしていない親であっても、「親に生活費を振り込んでいる」という事実があれば、控除対象扶養親族となります。この場合、銀行振込票や現金書留などで「収入のない親に送金している」という事実を提示できればＯＫです。

「配偶者控除」――結婚していて使える人・使えない人

あと、家族関連で「配偶者控除」というのがありましたが、「配偶者の所得が48万円以下」という条件付きなんですね。

厳密に言うと、配偶者を扶養しているときは扶養控除ではなく「配偶者控除」もしくは「配偶者特別控除」を受けることができます。

特別控除？　何が特別なんですか？

配偶者控除とは、先ほど言ったように「年間の所得が48万円以下の配偶者をもつ人」の税金を安くする制度のことです。一方、**配偶者特別控除とは、「年間の所得が48万円超133万円以下の配偶者をもつ人」に対し、税金を安くする制度**です。

特別控除だと上限が上がった！

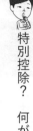

「配偶者特別控除」の条件

(令和2年分以降)

配偶者の合計所得金額	控除を受ける納税者本人の合計所得金額 900万円以下	900万円超 950万円以下	950万円超 1,000万円以下
48万円超　95万円以下	38万円	26万円	13万円
95万円超　100万円以下	36万円	24万円	12万円
100万円超　105万円以下	31万円	21万円	11万円
105万円超　110万円以下	26万円	18万円	9万円
110万円超　115万円以下	21万円	14万円	7万円
115万円超　120万円以下	16万円	11万円	6万円
120万円超　125万円以下	11万円	8万円	4万円
125万円超　130万円以下	6万円	4万円	2万円
130万円超　133万円以下	3万円	2万円	1万円

国税庁「No.1195　配偶者特別控除」を基に作成

もし梅田さん自身の年間の所得が1千万円以下で、奥様の年間所得が48万円以下であれば、配偶者控除を使うことができます。そして奥様の所得が48万円を超えると配偶者控除は使えなくなり、代わりに配偶者特別控除の対象となります。配偶者特別控除は、配偶者の所得が増えるほどに控除額が減り、あるラインを超えると使えなくなる仕組みになっているので、上の表を見てイメージをつかんでください。

配偶者の所得だけでなく、本人の所得も関係あるんですね。

いいところに気がつきましたね。**たとえ配偶者の方の所得が低くても、控除を受ける本人**

の所得が1千万円を超えると、配偶者控除・配偶者特別控除ともに受けることができません。

もし専業主婦の人が働きに出ようとする場合、給料がいくらまでなら所得控除が減らないで済むんですか？

表を見るとわかりますが、配偶者の所得が年間95万円を超えると控除額がだんだん減っていきます。所得95万円は給与収入に換算すると150万円ですから、**パートなどで年間150万円を超えて収入を得ると、その人を扶養している配偶者の所得控除が少なくなっていく**といえます。また、夫婦ともに条件を満たしていても、配偶者特別控除を夫婦両者で受けることはできません。

要件を満たした場合、僕か妻かどちらかが受けられる、と……。覚えておきます！

「社会保険」ってなんの保険？

あと、梅田さんにも必ず関係する所得控除に「**社会保険料控除**」があります。

「**社会保険**」って、自分で選んで契約をする「生命保険」とは別のものですか？

はい、まったく別ものです。社会保険とは、会社で働き始めたときに加入する「健康保険」「介護保険」「厚生年金」「雇用保険」「労災保険」をひとくくりにした、**会社員の人がほぼ自動的に入る保険の総称**です。

ということは、僕が病院で出す「出版健保」と書かれた保険証も、社会保険に入っているからもらえるんですね。

そうですね。あと自営業の人が入っている「国民健康保険」や「国民年金」も社会保険です。
会社員の場合、労災保険以外の4つの社会保険の保険料については、社員と会社が折半し

て日本年金機構に支払う決まりになっています。労災保険は会社が労働局や労働基準監督署に納付しますが、**他の4つは先ほど表で示したように毎月の給料から社員の負担分が差し引かれる**というわけです。基本的な仕組みは、源泉徴収と同じですね。

扶養控除や配偶者控除は家族の年齢や所得によって控除額が決まっていましたよね。社会保険料控除はどうなんですか？

社会保険料控除は、1年間に支払った社会保険料の全額が所得控除額になるというシンプルなルールです。**社会保険料の支払い額が増えれば増えるほど、「社会保険料控除」が増えるため税金は減っていきます。**たとえば、社会保険料を20万円払っていた人は、20万円をそのまま控除として所得から差し引けるということですね。

じゃあ、社会保険料は増えれば増えるほど課税される金額が減るからお得と言えるんでしょうか？

たしかに、社会保険料が増えると税金が課せられる所得は減るので、納める税金の額は減

ります。けれども「社会保険料が増える」ということは、自分の手取りが減るということでもあるので、短期で見ると決して得とは言えませんね。

そ、そうですね……

ただし厚生年金については、長期的な視点で見ると、将来受け取れる年金の額が増えることになり、得と言えなくもない。つまり、**現在か過去、どちらに軸足を置いて考えるかで損得は大きく変わってきます**。もっとも梅田さんのような会社員の場合、給料に応じて社会保険料は決まっているので、コントロールしようがありません。**損得を考えても、時間の無駄かもしれませんね。**

……

ただ、社会保険料によって控除額が変わるケースに関して、家族の社会保険料を負担した場合は要チェックです。たとえば私が母の国民年金保険料を代わりに払っていた場合、私の社会保険料控除に加えることができます。**家族の社会保険料を負担することになったら、**

忘れずに年末調整で申請するようにしましょう。

家族の社会保険料を払ったら年末調整時に申請、と。覚えておきます！

「住宅ローン控除」――家を買ってから10年使える

あ、そうそう、忘れてはいけない控除に**「住宅ローン控除」**があります。これ結構使えますよ。

名前から察するに、「ローンを組んで家を買ったら税金が低くなる」ということ？

はい。正式名称は「住宅借入金等特別控除」というもので、住宅ローンを利用してマイホームを買ったり、増改築をしたりすると使える制度です。控除額の計算は新居に住み始めたタイミングなどによって異なりますが、基本的には**年末時点の住宅ローン残高の1％が最大10年間にわたって所得税から差し引かれます。**1年あたりで減額される上限は40万円ですから、**最大で400万円分の節税効果を得られる**ということです。

400万円！　それは大きい！　ぜひ使いたいです。

そうですよね。私も自宅のマンションを買ったときに利用しました。ただし、住宅ローン控除は今のところ、**令和3年12月31日までの居住開始**という期限が設けられているので、検討されるならお早めに。ただ、法律が延長される可能性はありますし、申し上げたとおり住宅ローン控除の計算は年によって変わってくるので、もしマイホームを考えているのなら、事前に国税庁のホームページで住宅ローン控除の情報を確認することをおすすめします。

＊ 会社員の人が住宅ローン控除を適用するには、1年目は自身で確定申告する必要があります。2年目からは年末調整で手続き可能です。確定申告については次項から！

「確定申告」ってなんですか？

ひとまず、年末調整で申請できる代表的な所得控除についてお話ししました。要は、**「源泉徴収で色々引かれたけれど、本当に払うべきものよりも多く払っているケースがほとん**

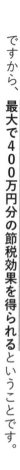

ど。なので、計算し直して過払い分が戻ってくる」これが、年末調整です。

「税金を低くする材料がもしあれば、そのタイミングで申請できる」ということですよね。
ただ、ひとつ心配があります……。いろんな事情があって、**せっかくの年末調整の機会を逃してしまう可能性**だってあると思うんです。書類の提出を忘れたり、極端なことを言うと、災害や事故などで書類を出しそびれるケースも考えられなくはありません。そういう場合はどうすればいいんでしょうか？

そういうときは、手間ではありますが自分で「**確定申告**」すればいいんです。実は**年末調整で申請できることは、確定申告ですべて自分で行える**んですよ。

確定申告、ですか。これって具体的にどういうものなんでしょうか？　聞いたことはもちろんあるのですが、これもその実態を知らなくて……

自分で1年間の所得を税務署に申告して、納税額を確定させる。この一連の手続きが確定申告です。そもそも、お金を稼いだときには必ず3種類の税金がかかることになっていま

す。「**所得税**」「**住民税**」そして「**復興特別所得税**」です。確定申告をすることで所得税と復興特別所得税が算出されます。さらには確定申告の情報を基に、住民税が地方自治体によって算定されますので、とくに自営業やフリーランスの人にとっては3つの税金を確定させるためのとても重要な手続きなんです。

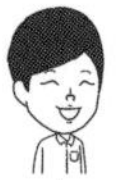

ただ、会社員は年末調整があるので確定申告をしなくてもいい、と。

そうですね。でも、梅田さんがおっしゃったように年末調整に間に合わないこともありますし、実は**年末調整では申請できない所得控除もある**んです。ですから、確定申告の基本的な仕組みは理解しておいて損はないと思いますよ。「**会社員であっても確定申告しないといけないケース**」「**したほうがいいケース**」もあるので。

ぜひ、会社員という観点から確定申告について教えてください！

「確定申告が必要」なのはどんなとき？

お勤めの人が確定申告を行うべきパターンは、次の3つのケースに大別できます。

❶「**税金をプラスで納める必要があるから、確定申告を行わないといけない**」ケース

❷「**支払うべき税金が安くなる、つまり還付金をもらえるから確定申告を行ったほうがお得**」なケース

❸「**納税額も還付金もないが確定申告をすべき**」ケース

❶「税金をプラスで納める必要があるから、確定申告を行わないといけない」というのは、副業で本業にプラスして稼いだから確定申告をする、とかですか？

まさにその通り！「家を売って利益が出た」とか「本を出して印税を受け取った」といったケースの所得も含まれます。ただし、これは**副業で稼いだ額が20万円を超えた場合の話。**「追加の収入があっても確定申告しなくていい」というパターンもあります。

そのパターンを教えてください！

「給料を1か所から受け取っている」かつ「給与所得・退職所得を除く各種の所得金額が20万円以下」の場合です。平たく言うと、**「1つの会社に勤める会社員で、副業収入が20万円以下」の人は確定申告の必要なし**ということですね。

「医療費」で所得税・住民税が下がることも

では❷「支払うべき税金が安くなるから、確定申告をしたほうがお得」なケースとは?

たとえば「年末調整で手続きできない所得控除があるとき」ですね。一例は「医療費控除」。
「医療費控除」とは所得控除のひとつで、一定額以上の医療費を年間で支払った場合に医療費控除を申告すると、納めた税金の一部が戻ってくる場合があります。ただし、自分で確定申告することが条件です。

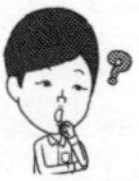

それって、支払った医療費がそのまま戻ってくるってことですか？

いいえ、**「支払った医療費に応じて税金を計算し直す」**という仕組みです。たとえば、梅田さんが病気やケガをして、医療費が1年間で総額20万円かかったとします。医療費控除の申告をしたからといって「そのまま20万円」が返ってきたり、所得から引かれたりするわけではありません。「『医療費の一部』を医療費控除として所得から差し引いて、納税額を減らしますよ」という仕組みです。

つまり、僕が病院で医療費を払うとその分税金が少なくなるけど、決してお金が満額戻ってくるわけではない……

そうです。ちなみに医療費控除の申告は**「世帯ごとの計算」**になります。生計が同じなら同居は要件ではないため、一人暮らしをしている大学生のお子さんや単身赴任中の父親の分だって控除対象に含まれます。**共働き世帯の場合は、収入がより多い人に一家の医療費を集めて申告するほうが通常はお得**です。収入が多い人のほうが税率が高く、節税効果は高いですからね。

ぜひ申告したいですが、具体的にどれくらいの医療費を払ったときに使えるんですか？

医療費控除の場合、「所得金額200万円」がボーダーラインとなります。**所得金額が200万円未満の場合、医療費から「所得金額の5％」と保険金などによる補てんを引いた金額が医療費控除として認められます。一方、所得金額が200万円以上の場合、医療費から10万円と、同じく保険金などによる補てんを引いた金額が医療費控除として認められます。**

うーん……具体的にどれくらいの節税になるのか、ちょっと計算していただいてもよいですか。

そうですね、ちょっとわかりにくかったですね。たとえば、所得が400万円の人が1年間で15万円の医療費を支払ったなら、医療費控除は15万円－10万円＝5万円ですよね。ここに税率を掛けると節税効果がわかります。所得税の税率は5～45％なので、仮に20％なら、5万円×20％＝1万円分の節税効果があるということですね。

思ったより少ない気がしますね……。ちなみに医療費って「インフルエンザの予防接種」とかも含まれるんですか？　若い人ってそんなに病気とかしないじゃないですか。

ただし「予防接種」は適用外

いい質問ですね。医療費控除の対象になるかどうかは国税庁のホームページで確認していただきたいのですが、基本ルールは**「治療を目的とした医療費」なら○、「予防を目的とした医療費」なら×**です。

治療は○で、予防は×……

たとえば、病院で払った治療費はいいけれど予防接種はダメといった感じですね。ちなみに、所得が200万円以上の場合、医療費から10万円を引いた金額が医療費控除として認められるということは、**医療費総額が少なくとも10万円を超えないと申請できない**、ということになります。

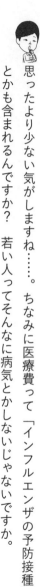

医療費10万円は結構ハードル高いですね……。では、具体的に確定申告で医療費控除の申請をするときはどうすればいいんでしょう？

確定申告のときに、病院や薬局の領収書やレシート類をもとに作成した「明細書」を提出し、確定申告書の医療費控除の欄に記入するだけです。以前は領収書やレシート類の原本を税務署に提出する必要があったのですが、平成29年分の確定申告からは提出しなくてもよくなりました。ただ、税務署から提出を求められることもあるので、5年間は保管しておかなくてはなりません。

……ちょっとめんどくさいですね。

気持ちはわかります。**確定申告の計算をした結果、還付金が出る、つまりお金が戻ってくるケースについては、申告を怠っても違法ではないので放っておくという判断をしても問題になることはありません。**しかし、それでは戻るべき還付金が戻らず、本人が損するだけ。手間を省くか、たとえ少額であってもお金をとるか、個人の価値観で選択することになります。

家を売ったときに確定申告すると税金「0」!?

最後の❸「納税額も還付金もないが確定申告をすべき」ケースとは？

確定申告すると特例によって税額がゼロになるケースがあるんですよ。

特例というと、たとえば？

一般的なものだと、**「居住用不動産を売却した場合の3千万円控除」**というものがあります。これは、自宅やその敷地を売却した場合に控除を受けるための指定の書類を提出すると、売買で得た所得から最大3千万円引けるというものです。たとえば自宅を売って得た収入から購入額などを引いてなお2千万円残ったとしましょう。それでも3千万円以内ですから、ゼロとみなしてくれます。

2千万円がゼロに？　これ、税額でいうとどれくらいがゼロになるんでしょう？

そもそも家を売って利益が出たら、確定申告する必要があることは前述のとおり。不動産を売却したときにかかる税率は、所有期間が5年超であれば20・315%、5年未満なら39・63%です。2千万円にこの税率を掛けると、406万3000円または792万6000円が税額です。特例を使わないと、これだけの税金を負担しなくてはなりません。

たしかにそれだけの金額がゼロになるんだったら、したほうが絶対にいいですね。「**家を売ったら確定申告する**」と覚えておきます！

また、**家を売って逆に損したときも、確定申告するとその年の他の所得と合算して所得税や住民税を減らせる可能性がある**ので、あわせて覚えておくといいですよ。この相殺を「**損益通算**」といいます。

家を買ったら確定申告、家を売ってもとにかく確定申告……

……

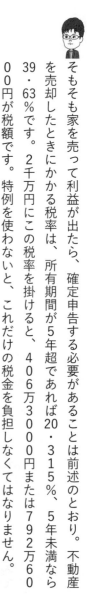

確定申告書を「作る場所」「出す場所」

サラリーマンと確定申告の関係についてはわかりましたが、正直、自分だけで確定申告書を作れる気がしません……。絶対、難しい気がします。

たしかに、自分で紙の確定申告書に書き込んで税金の計算をするのは難しいかもしれません。そこでパソコンを使えるのであれば、**国税庁のホームページにある「所得税（確定申告書等作成コーナー）」**を使ってみてください。

まずは国税庁のホームページにアクセス、と。

ここに情報を入力していくと、所得税や復興特別所得税の計算までコンピュータ上で行ってくれるため、計算間違いを防げます。**入力が終わると、確定申告書をプリントアウトし、ここに申告内容に応じて必要な添付書類をつけて税務署に提出すれば確定申告の手続きが完了**します。すると、後日税務署のほうから、「払いすぎていた税額」が梅田さんが指定

する銀行口座に還付金という形で振り込まれます。

思っていたより簡単そうですね。

従来、確定申告は「面倒な作業」とされてきました。しかし、以前に比べると、インターネットが使える環境であればかなり手続きしやすくなっていることは確かです。もし確定申告する要件があれば、臆せずトライしてみてください。

申告を「ミス」するとどうなる？

そういえば、確定申告をしなければいけないケースでミスしたときって、本人に悪意がない場合でも、ペナルティって発生するんですか？

残念ながら……。納めるべき税額があるのに、間違って少なく申告してしまったり、期限に遅れてしまったりすると、「**延滞税**」と「**加算税**」という2種類のペナルティが課せられます。延滞税は納税が遅れたことに対するペナルティ、加算税は申告が正しくなかったことに対するペナルティです。

ダブルで罰金があるんですか!? 延滞税は期限を守れば防げそうなので、まずは確定申告の締め切りから教えてください。

「2月16日～3月15日」に済ませる

確定申告の手続きは毎年、**開始日は2月16日、終了日は3月15日**です。開始日と終了日が休日と重なる場合、次の平日にずれます。また3月15日は確定申告の所得税の提出期限であると同時に、**納税の期限でもあります**。この日までに申告及び納税をしないと、加算税や延滞税がかかります。

ざっくり「2月中旬から3月中旬」は注意したほうがよさそうですね。

そうですね。とくに**確定申告期限の直前3日間くらいは税務署がすごく混む**ので、そういう意味でも余裕をもって申告することをおすすめします。あと、延滞税はわかりやすいのですが、加算税はちょっと複雑です。細かく分かれるんですよ。

分かれる、というと？

まず1つめは「**過少申告加算税**」。誤って、金額を少なく申告してしまった場合、不足していた金額に上乗せされる税金です。2つめは「**無申告加算税**」。申告が必要なのにまったくしていなかった場合、上乗せされる税金です。3つめは「**重加算税**」。「申告が必要と知っていたのに意図的にごまかそうとする」など、いわゆる脱税行為をはたらいた場合、上乗せされる税金です。もうひとつ「不納付加算税」というものもあるのですが、これは源泉徴収をする会社などが国への納税を怠った場合のペナルティなので、今のところ梅田さんには関係ありません。

では、たとえば副業で儲けたりして本当は税金を払わないといけないのに申告をしていなかった場合、具体的にどれくらいのペナルティが生じるのでしょう？

＊ 国税庁の「確定申告すべき人」の条件
https://www.nta.go.jp/taxes/shiraberu/shinkoku/tebiki2017/a/01/1_06.htm

その場合だと、単にうっかりであっても無申告加算税と延滞税が発生しますね。無申告加算税は、**本来納めるべき税額の5〜20%がプラス**されるのでけっこう大きいですよ。一方、延滞税は、納税期限の翌日からカウントした日数×延滞税率という計算式で求められます。なので、**納税が遅れれば遅れるほど、支払うべき延滞税の額はどんどん膨らんでいく**というイメージです。

うっかり確定申告をしていなかったときは、お知らせが来るんですか？

ケースバイケースですね。税務署が「この人は確定申告が必要」と把握した場合、電話や文書で通知が来ることがあることはあります。とはいえ、「知らせてくれなかったから」なんて理由は通りませんので、**まずはしっかりと自分で必要性の有無と期限を把握しておくことが前提です。**

それでもスルーし続けた場合は、どうなるんですか？

延滞税は時間とともに増えていくので、**延ばせば延ばすほど本人にとって損になります。**

払えない状態が行き着くところまで行くと、個人の財産や不動産などを国が差し押さえて公売されることに……。つまり、国により強制的に財産を売られて、納税に充てられるんです。さらに本人が亡くなった場合、そのペナルティの支払い義務は**相続人に引き継がれます**。事実、税務署が何十年もかけて追っている人もいるようですね。

それは怖い……

なので、会社員であっても確定申告の仕組みや、自分が源泉徴収や年末調整で何をしているのかといったあたりはわかっておいたほうがいいんです。終身雇用という制度が絶対でないこの時代、いつ独立することになるかわかりませんし。お勤めの人であっても、副業が盛んな今、その知識が自分の身を守ってくれることにもなります。知識があって損することはありません。

そうですね。僕の場合、源泉徴収・年末調整の意味するところがわかって、これから毎年年末に不安を感じながら書類を提出することはなさそうです！　それに、税金が低くなる所得控除の仕組みや会社員でも確定申告すべきケースがわかってよかったです！

それは、私もよかった！

まとめるとこんな感じですか？　まず、**「源泉徴収は会社員に関わるもの」「確定申告は自営業・フリーランスの人に関わるもの」**とざっくり分けられる。会社員は源泉徴収といった形で毎月、自分が納めるべき税が引かれていて、12月の「年末調整」という作業で払いすぎた分の税金が返ってくる。

バッチリです！　ただし、諸条件を満たした場合、確定申告をしないことによるペナルティがあったり、本来戻ってくるはずのお金をみすみす逃してしまったりすることもあります。なので、**会社員の人でも本業以外に所得があったり、医療費が大きくかかったり家を買ったり売ったりした年には、2月中旬から3月中旬に確定申告すべき。**こういうことですね。

COLUMN

「ドラッグストアの領収書」で節税できる

セルフメディケーション 税控除対象

平成 29 年に、医療費控除の特例として**「セルフメディケーション税制」**がスタートしました。

従来からある医療費控除は、基本的に病院や薬局に支払った費用が対象ですが、**セルフメディケーション税制については、ドラッグストアで市販されている特定の風邪薬や湿布などが対象に含まれます**。

しかも、所得が年間 200 万円以上の人の場合、医療費控除は年間 10 万円を超えるような多額の支出がなければ利用できませんでしたが、**セルフメディケーション税制については、年間 1 万 2000 円以上の支払いがあれば所得控除になる**ため、使い勝手においても優れています。

セルフメディケーション税制の対象となる医薬品は幅広いですが、もちろんすべての商品が対象になるわけではありません。パッケージに右上の識別マークがついている商品であれば、セルフメディケーション税制の対象です。

なお、**医療費控除とセルフメディケーション税制は、どちらか一方を選択して使う**ことになります。もし、どちらも利用できる状況であれば、所得控除額としてどちらが大きいのかを比べて判断します。セルフメディケーション税制は、少ない支払い額でも利用できるメリットがある一方、控除の上限額が 8 万 8000 円であり、医療費控除の上限 200 万円と比べると低く設定されています。

したがって、**「病院に多額の治療費を払ったときは医療費控除」「大きなケガや病気をせず、ドラッグストアだけで済んだ年はセルフメディケーション税制」**というイメージを持っておくと、申告を考える際に便利です。

2章

別にやろうとは思っていないのですが……

株や投資についての話

源泉徴収や年末調整って、社会人になって初めて聞いた単語で、そのうち意味がわかるだろうと思って放置していたら結局6年たってもわからずじまい……そんな存在でした。それが解消したわけですけど、僕の中でずっと昔から「わからずじまい」の存在があって、それが「**株**」や「**投資**」なんです。なんとなく「うまくいけば儲かるもの」というイメージしかありません。

ニュースなんかで耳にすることはあっても、学校では習わないですもんね。

そうなんです！　子どもの頃からよく耳にはしていて、「大人になったらわかるだろう」くらいに思っていたら、いつの間にか大人になり、そしてわかっていない、というのがやばい気がして……今わかっていないのに、この先誰かが教えてくれるようになるとは到底思えません。**株とか投資って、ざっくり、なんですか？**

「株」「投資」ってなんですか？

（……どう答えればいいだろう？）……ということは、念のための確認ですが、梅田さんは株に投資をしていないんですよね？

はい。別に「株で大儲けしたい」「株で資産形成」とか思っていないのですが、社会人である以上、株の仕組みを知識としてはおさえておいたほうがいいように思いまして。

じゃあ、まず株の仕組みの基本的なところからお話ししましょう。株取引を行うことで儲ける、つまり利益を得る仕組みには2種類あります。「**キャピタルゲイン**」と「**インカムゲイン**」です。

……初耳です。

「**キャピタルゲイン**」（**capital gain**）**とは、「株の売買で得られる利益」のこと**。買ったと

きより売ったときのほうが株価、すなわち1株あたりの価値が高ければ、その差額が利益になりますね。これがキャピタルゲインです。もちろん、「すべての株取引で必ずキャピタルゲインが得られる」わけではなく、**買ったときよりも売ったときの株価が低ければ損失**となります。

では、インカムゲインは？

「インカムゲイン」（income gain）とは、「持っているだけで得られる利益」のこと。株を保有するだけで発生する収入（income）という意味です。具体的には「**配当金**」や「**株主優待**」を指します。配当金とは、企業が稼いで得た利益から株主に対して還元する、つまり支払うお金のこと。株主優待は、会社が配当とは別に感謝の気持ちを込めて自社の製品やサービスを株主に提供するものです。配当金も株主優待も、経営方針によってどの程度提供されるのかが決まります。

「株式会社」が株を発行する理由

そもそも、株を発行する会社を「株式会社」というわけですが、なぜ会社は株を発行すると思いますか？

え〜、そうしないと株式会社になれないから？

……堂々巡りしそうですね。端的にいうと**お金を集めたいから**ですよ。まず株の成り立ちからお話ししましょう。株式会社の起源は「東インド会社」。17世紀初めに、オランダ人が東インド会社を創ったときに株を発行したといわれています。

東インド会社……高校の世界史の授業ぶりに聞きました。

当時は大航海時代。ヨーロッパの国々は、航海してたどり着いた先のアジアから香辛料を持って帰って売れば、莫大な利益が得られました。そこで何人かがお金を出し合って、航

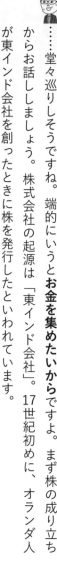

海をビジネスとして始めるように。けれども船をつくるのにはお金がかかるし、難破や海賊など、航海の途中にはリスクがつきまといます。もし船が災難に遭っても、お金を出した人のダメージを最小限に抑えたい。そこで「**大勢でお金を出し合おうじゃないか**」という考えが出てきて生まれたのが、株という仕組みです。

昔は保険みたいな意味合いが強かったんですね。

会社にお金を出して、その会社の株を買った人のことを「株主」といいます。株主には様々な権利が発生します。つまり、株そのものは「**会社の様々な権利を買えること**」なんです。当時の東インド会社も、ただお金を出してもらうだけでなく、出資金額に応じて利益を分けたり他国との貿易権などを与えたりしていました。ただ、今は株を買ったときの値段と売ったときの値段の差額で儲ける「運用」のイメージが強いとは思いますが。

はい、僕もざっくり「株＝儲ける手段」というイメージです。

お金を出してもらった側も、お金が集まれば事業を拡大したりしてさらに儲けるための施

策を打てます。お金を出す側からすれば、それがうまくいけばその会社の株の価値は上がる。だから株を発行する会社があれば、買う人が出てくる。そういうサイクルです。

「株価」が上下する要因

そもそも、どうして会社が順調だと株価が上がるんですか？

業績を伸ばしているA社という上場企業があったとします。そんな会社の株は、多くの人がほしがります。なぜなら、**持っていると配当金がもらえたり、将来的に人に高く売ることができるかもしれないから。**だから、たとえば最初は１株３００円で上場していたとしても、「３１０円で買いたい」「私は４００円で買いたい」という人が現れると、株価はどんどん吊《つ》り上がっていきます。オークションのように、株価は需要と供給の関係で変動するんですよ。

でも、いくら人気でも、株価が永久に上がり続けるわけではありませんよね？

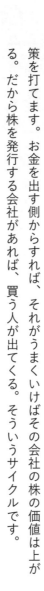

そうなんです。何かの出来事がきっかけになったり、また時間が経ったりすると株価の値上がりは止まります。「やっぱりA社に将来性はない」「高すぎる」などの理由で、買い手は減っていきます。すると株価が下がり始め、**次に「A社の株を売る人」が増えます。そうなるとA社の株価はどんどん下がります。**そこに追い打ちをかけるように、業績が悪化したり不祥事が起きたりすると、A社の株はますます下降していきます。

株価が上がったり下がったりするきっかけって、たとえばどんなことですか？

わかりやすいのは「**ニュース**」ですね。たとえばある会社が新技術を開発したニュースが出れば、見ている人がその会社に将来性を感じて株を買うことで株価が上がることがありますし、逆に不祥事が発覚して株価が落ち込むこともあります。

メディアの情報に左右されるところは大きい、と。

あとは、私たちが株を買える会社は決算書などをホームページで開示しているので、この結果に反応した投資家が株を買ったり売ったりして株価が動くことがあります。ほかにも、

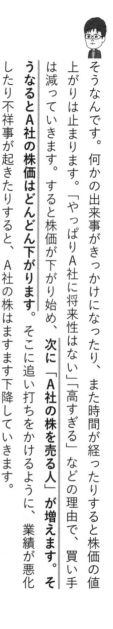

世界情勢であったり、為替の変動であったり、ときには専門家でもわからないような理由で株価が変動することも珍しくありません。**想定外の動きをみせる生身のいきもの、それが「株」**といえるでしょう。

「景気」と「日本全体の株価」のつながり

結構、みんなそれぞれの考えというか、そのときの気分に左右されるところが大きいんですね。

そうですね、それが「景気」ともいえます。そして**この景気が、日本全体の株価を左右している**ともいえますよ。

みんなの気分が日本の経済を動かす？

たとえば「株価の落ち込み」。なぜ株価全体が下降線を辿《たど》るのかというと、みんな「損した

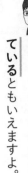

くない」と思って手持ちの株を早めに売り現金に換えようとするからです。すると、それがどんどん連鎖的につながって色々な企業の株価の値下がりが止まらなくなります。

何らかのアクシデントをきっかけに「損したくない」という気分が広まって、日本全体の株価に影響が出る……

これがいわゆる「**暴落**」といわれる現象です。たとえば2011年3月11日金曜日に起こった東日本大震災のときの日本全体の株価の動きを見てみましょう。大地震発生は、14時46分です。株の売買は15時までしか行えないため14分間しか残されていませんでしたが、「株を手放したい」という売り注文が殺到。その日の「日経平均株価」の「終値《おわりね》」は**1万254円**でした。

日経平均株価と終値、聞いたことあります。

日経平均株価とは、「東証一部」と呼ばれる株式市場に登録されている全銘柄のうち、225の銘柄の平均値です。**日経平均株価を追うと日本の株価の全体感がつかめる、そんな**

株価が上がったり下がったりする様子

	始値	高値	安値	終値
3月11日	10298.64	10378.55	10254.43	10254.43
3月14日	10044.17	10049.92	9578.65	9620.49
3月15日	9441.66	9441.66	8227.63	8605.15

3月15日の「安値」の「8227円」。この数値こそ、東日本大震災後、最も低くなった値「底値」であった。大震災の前と比べると、全体の株価が約2000円、突然「値下がり」したと表現できる（＝急落）。

マネーの達人「3.11に株式相場で何が起こった？ 決して忘れていけない教訓とは」を基に作成

指標だと思ってください。終値は、その日1日の最後の株の値段です。ちなみに東日本大震災発生日は金曜日だったので、次に株式市場が開かれたのは3月14日月曜日。この日の終値は**9620円**。3月15日火曜日は**8605円**。震災前と比べて大きく株価が下がっていますよね。その後、株価全体が震災前と同じ水準にまで回復したのは7月初旬のことです。

普通、株価の1日の変動ってどれくらいなんですか？

東日本大震災の翌営業日には日経平均株価が約6・2％下落していますが、通常は日によって多少変わるものの1％を超える変動はほ

ぼありません。

それだけ大きなインパクトを経済に及ぼしたんですね……。逆に、大きく値上がりしたケースはありますか？

では、今度は1つの企業に絞って見てみましょう。たとえば、アマゾンの株価は2001年代後半は1株5・5ドルだったのですが、2019年12月末の時点では1869ドルになっています。つまり、**2001年にアマゾンの株を買っていた人は、数百倍ものキャピタルゲインを得られる**ということですね。どんどんアマゾンの利用者が増えるにつれ、「この企業はいける！」という気運が高まり、「買いたい！」という人が増えた結果、ここまで株価が上がったわけです。

株は「証券会社」で売買できる

もしアマゾンが株を出してすぐの頃に少しでも買っていれば、今はとてつもない価値にな

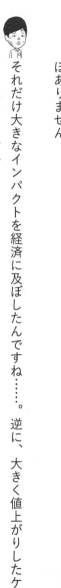

っていることですか……。急に興味が出てきました。実際に僕が「株を買おう」と思い立ったとき、どうすれば買えるんですか？

株を売買しようと思ったら、まず「**証券会社**」に口座を作る必要があります。

ここで証券会社が登場するんですね。

証券会社とは、**株を売ったり買ったりするときの窓口になってくれる会社**。証券も簡単に株と言い換えていいでしょう。平たく言うと、株の売買の仲介をしてくれるブローカー的な存在が証券会社です。「株を買いたい」「売りたい」という人々の注文を広く受け付け、**「証券取引所」**に伝える業務を請け負っています。**「証券取引所」とは、株を大量に取り引きする市場のこと**。ちなみに日本最大の証券取引所は、「東証」こと東京証券取引所です。

えっと、まず株を買うためには、証券会社に口座を作らないといけないんですよね。それって「銀行に口座を作ること」と似ていますか？

そうですね。ただ**証券会社の場合は、お金がなくても口座を開けます**。お金を証券会社の口座に入れるのは、どんな株を買うか決めてからでＯＫ。証券会社の口座にお金を振り込めば、株の売買ができます。ただし今、株の売買といえば、証券会社の店舗に行くというよりほとんどが「**ネット取引**」へとシフトしています。証券会社のホームページにアクセスして口座を作り、売買を行うスタイルですね。

じゃあ、僕もネット経由できちんと手続きを踏めば、株を買って株主になれるということ？

もちろん。もし応援したい会社がすでに頭の中にあって、株を持ちたいと思ったら、ネット証券のサイトで社名を検索してみてください。そして口座を開けばいつでも買えますよ。ただし、その安易さが災いして、身の丈以上に株に手を出してしまうことには注意しなければいけませんが……

「損切り」で損失を最小にする

いったん買った株を手放したくなったときも、証券会社を通じて売れるんですか？

はい。今だとインターネット上で簡単に売ることができます。梅田さんがその会社に見込みがないと感じていても、世の中にその株に将来性を感じて買いたいという人がいれば売買が成立するというわけです。

株ってそうやって売買されることで、ぐるぐると世の中を回っているんですね。

それが「株式市場」と呼ばれるところで行われていることです。

でも、どんなに調子のいい企業でも、突然倒産することってあると思うんですよ。そんなとき、そこの会社の株はどうなるんですか？　そこの株を持っている株主は大損するんですか？

もちろん倒産した会社の株は、価値がまったくなくなります。ですから、**倒産した会社の株を最後に持っていた人は貧乏くじをひくことになります**。会社が倒産した場合、株の売買はできなくなります。つまり、誰にも売れなくなってしまう。お金にならないわけですから、持っていてもしょうがない。

……倒産した会社の株って、ジョーカーみたいな存在ですね。「この会社、株価が下がり始めたぞ、あやしいなあ。倒産するかも」と感じたとき、早めに他の人に売ってしまうのが正解なんでしょうか？

売値が買った値段より低くなるとしても、株価が下がり切る前に誰かに売るというのが得策でしょうね。これを「**損切り**」と言います。損切りをせずに放っておくと、後から売りたくなってももっと低い値段になってしまったり、最悪売れなくなったりする可能性があります。株を売れるのは、あくまでその株を買いたいという人がいる場合に限られるので。

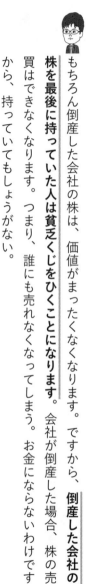

会社が「上場」するということ

あと気をつけるべきは、株を買うといっても世の中すべての株式会社の株を買えるわけではありません。**第三者が買えるのは、基本的には上場している企業の株のみ**です。

すみません。さっきからちょくちょく気になっていたんですが、そもそも「**上場**」って何のことですか？ 僕のイメージでは「トヨタ」とか名前の知られた大企業は軒並み上場しているイメージなんですが。

上場とは、**一般の人に株を売買してもらえるよう、証券取引所を通して株を広く世間に公開すること**です。国内には、先ほど紹介した「東証」をはじめとして、いくつかの証券取引所があります。

そういえば、東証ってテレビでよく「東証一部」「二部」って言い方されていませんか？
東証一部については、先ほど日経平均株価の説明で登場しましたが……

はい、東証は一部と二部に分かれていて、一部のほうに企業の規模を表す数値「時価総額」が大きい企業が集まっている特徴があります。

なるほど。では、東証一部や二部のような証券取引所を通して「株、買えますよ～」と株を一般に公開する行為が上場で、一般の投資家は上場している企業の株しか買えない、ということですね。

基本的には上場していない株を赤の他人が買うことは難しいです。というのも、**上場していない株は基本的に証券会社などで取り扱われていませんから、その株をもっている人から直接譲ってもらわなくてはいけない**んです。

色々交渉したりしないといけなそうで、手間がかかりそう……

逆にいうと、株を広く売ろうと思ったら上場する必要があるのですが、どんな会社でも上場できるわけじゃありません。「上場する＝広く一般の人に株を買ってもらえるようになる＝お金がたくさん集まる」ということなので、**信用できる会社でなければ危険**です。で

すから上場にあたっては、厳しい審査をクリアする必要があります。単に知名度が高いだけでは上場はできません。

東証上場企業は全会社中「０・１％」だけ

そうなんですね。素朴な疑問ですが、会社って日本にいくつあるんですか？　上場ってどれくらい難しいのかな、と思って。

総務省統計局の最新データを計算すると、株式会社など法人格の会社の数は約１７０万社。東証上場企業は、２０１９年末時点で東証一部２１６１社と東証二部４８９社を合わせて、２６５０社です。

１７０万もの会社のうち、東証上場企業は約２６００社、ということはざっくり**０・１％程度**……。かなり狭き門ですね。

ただ、**すべての企業が上場を目指しているわけでもないんですよ**。というのも、上場をしてその状態を維持するには多大なコストがかかります。会社の規模などにもよりますが、毎年億単位のコストをかけている企業も少なくありません。それに株主が増えるということは、それだけ会社に対して権力を持つ人が増えることを意味します。つまり、**自由に経営したいと思っても難しくなる**んです。このあたりが上場するデメリットとして考えられます。

なるほど。上場をすれば株主からお金を集めやすいけれど、その分コストもかかる。小さな規模で自由に経営したいなら、上場を目指さなくてもいい。つまり、上場が絶対正義ではないんですね。

逆に考えると、上場している企業というのはそれだけのコストを出せるし、上場基準もクリアしているので、やっぱり大手企業が中心になります。とはいえ、東証以外にも上場するステージは存在していて、成長著しい若い企業が集まった上場ステージも存在します。2019年12月末現在、**「マザーズ」**に316社、**「ジャスダック」（JASDAQ）**に707社。**「Tokyo Pro Market」**に33社。東証も含めて合計3706社が上場し

て、取引を行っています。

マザーズとジャスダックは聞いたことがあります。

どちらも東京証券取引所に設置された、成長企業向けの株式市場です。成長性が重視されるため、若い企業や赤字の企業も上場するケースがあります。「Tokyo Pro Market」は名前が示す通り、プロや専門家向けの市場です。

上場とひとくちにいっても、企業のカラーに合わせて色々な形態があるんですね。

「日経平均株価」「ダウ」ってなんですか？

先ほど、東日本大震災のあとの株価を教えてもらいましたが、自分のもっている株の価格って毎日どうやって見守るんですか？　ニュースを聞いて、「今日もA社はいいことしているな、株価は昨日より上がったかな」ってチェックするとか？　でも、メディアで取り

上げられることはそうそうないと思うし、何よりめんどくさそう……

投資のプロやベテランは、株式市場の「**指数**」という株価の状況を示す数値を見て、株価の変化を毎日判断します。天気予報を見て、その日の行動を考えるのと似ているでしょうか。

株式市場の指数……何ですか、それ？

ものすごくざっくり言うと、その数字を見たら株価の動きがなんとなくわかる、そんな数字です。まず追うべきは、なんといっても「**日経平均株価**」です。

先ほど少し説明してもらったやつですね。

「日本経済新聞社が、東証一部に上場している企業から独自の基準で選んだ225の会社の株価の平均値」です。つまり、日本を代表する企業の状況を示しているので、**この値が上がれば「景気が上がっていくだろう」という大体の予想が立つ**んです。そして、景気が

上がれば株価もつられて上がりやすいので、それで持っている株が上がるか下がるか、動向をなんとなくつかむわけです。

なぜ、225社なんですか？

当初は227銘柄の平均値でした。その後、日経平均株価が東証の全銘柄の動きをより適正に反映するように、平均値の求め方がブラッシュアップされました。その結果、「225銘柄での平均値を求めるのが、最も正確に景気の動向を計算しやすい」という結論に至ったそうです。

「ダウ」というのも、よく日経平均株価と一緒にニュースに流れますよね。

ダウは「NYダウ」「ダウ平均」と呼ばれることもあります。ニューヨーク証券取引所やナスダックといった米国市場に上場する国際的な優良銘柄30社の株価の平均値です。

ということは、世界全体の景気の動向がなんとなくわかる指標ということ？

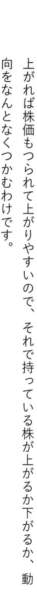

そうです！　アップル、マクドナルド、ナイキ、ウォルト・ディズニー、ボーイング、アメリカン・エキスプレス、ＩＢＭ、ＶＩＳＡ、Ｐ＆Ｇ……。ダウの対象銘柄30社の中には、こんな有名企業も含まれていますよ。

超・超・有名企業ばっかりじゃないですか！

でしょう？　この平均値をとるための30社は、ときどき入れ替えが行われています。実は、**このダウがもとになって日経平均株価がつくられた**んですよ。

たしかに、ダウも日経平均株価もやっていることは似ていますよね。

日本が第二次世界大戦に敗れた後、それまで中止されていた東証の株式市場が再開されました。「日本でもニューヨーク式の指数を導入しよう」という流れになり、「東証ダウ」という指数を発表するようになったんです。これが、日経平均株価の前身です。その後日経平均株価へと名称が変わり、日本経済新聞社から発表されることになりました。一方で、日本が独自に作り出した指数もありますよ。それが「**トピックス**」、**日本語でいうと**「**東証**

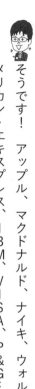

株価指数」です。

おお、トピックスも名前は聞いたことがあります、意味はわかりませんが。いったい、なんですか？

「トピックス」とは？

トピックス（「ＴＯＰＩＸ」）とは「Tokyo Stock Price Index」の略語。日経平均株価が東証一部の２２５の銘柄を対象とした平均値であるのに対し、**トピックスは東証一部に上場している全銘柄を反映させた独自の計算式で算出される値**です。

ええっと、トピックスも平均値のことですか？

いえ、トピックスは単なる平均値ではありません。計算式が非常に複雑なんですよ。考え方としては、**１９６８年の時価総額の値を「１００」として、現在までの推移を記録する**

という仕組みです。

……

「1968年1月4日の東証一部全体の時価総額を100として、今の時価総額がその何倍になっているかを表す値」で、それを示すことで**日本の株式市場の全体的な成長度がつかめるような数値**です。「ポイント」という単位で表されます。

昔を100とすると、今は実際どうなっているんですか？

2019年12月26日の値は1731でした。ということは「東証一部の時価総額が、1968年の17・31倍になった」という意味になります。つまり、東証一部で公開している株式市場の価値は、1968年の17倍強になったということです。

それって、いいこと……ですよね？

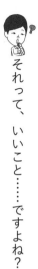

うーん、1968年に比べると拡大していることは事実ですが、ピーク時の値はもっとすごかったんですよ。バブル景気の真っただ中にあった1989年末には最高値2884ポイントを記録しています。その後、なだらかに下降。2008年9月にはリーマン・ショックで急落。ここ1年は、1600から1700前後を推移しています。全体的に見ると、時代が経つにつれて数値は徐々に右肩上がり、という傾向にはなります。

うーん……トピックスと日経平均株価の違いをまとめると？

日経平均株価は、東証一部の代表的な225銘柄の株価の平均値。一方、トピックスは東証一部すべての上場企業対象の時価総額を通じて景気を判断する指標。なので、**日経平均株価は1株あたりの値段の高い企業の影響を受けやすく、トピックスは時価総額の大きな大企業の影響を受けやすい**という特徴があります。

株を買ったら、どっちの数字を見るのが初心者向けですか？

そうですね、**トピックスと比べると先ほど説明した日経平均株価のほうが対象とする会社**

が少ないので、1社の影響を強く受けます。トピックスは、2000社を超える上場企業の時価総額により算出されているので、1社や2社の株価が動いたくらいでは影響は出にくいといえます。ただし、示される数字はポイント。なので、**株価という単位そのままに全体的な株価動向をわかりやすく知りたいなら日経平均株価、1社に振り回されるリスクを抑えて景気の動向をつかみたい人はトピックス**、となるでしょう。

なるほど。「日経平均株価＝一部の株価の高い企業に左右されやすいが、示される数値は『株価』なのでわかりやすい」「トピックス＝全体的な景気の動きを大まかにつかめる。そこから株価を予想」と覚えておきます。

「終値」を見ておけば何とかなる

日経平均株価やトピックス以外にも、株に投資をするうえで見ておいたほうがいい数字はありますか？

たとえば「**終値**」も株の次の動きを読む大きなバロメーターです。終値とは先ほど言ったように、その日の最後の株取引でついた値段のこと。ニュースで報道される多くは**日経平均株価の終値**ですね。上場している株の価格は、「始値」「終値」「高値」「安値」の4種類あり、**なかでも終値は翌営業日の株価の予測材料になるので特に大事**とされています。

いったい、なぜ？

次の営業日の「始値」に最も近い価格だからです。株の動きがいくらとらえどころがないものだとしても、「**終値の延長線上に次の価格がある**」と考えるのがセオリーです。つまり、株価を日々評価するときは、最高値や最低値、1日のスタート時の値よりも、終値の移り変わりの推移を見れば大体つかめるものなんです。

株価の動きは終値の変動を見れば大体わかる、と。

終値は、株を買いたい人と売りたい人のせめぎあいが終わった後の価格なので、**その企業の現時点での価値をもっとも如実に反映した数値**と考えることができます。プロのトレー

ダーは1日のうちの株価の細かな変動にも目を配りますが、私たち一般人はひとまず終値を見ておけば十分でしょう。

終値の推移を見続けることで、その会社の今後を見る目も養えそうですね。

その通り。株価の変動を「**値動き**」といいますが、値動きを観察していると、会社の将来だけでなく景気がいい方向に向かっているか・それとも悪くなっているかもつかめるようになります。変動金利か固定金利か、どちらでローンを組むか判断する場面でも日頃の観察眼が役立つかもしれませんね。

「為替」ってなんですか？

そういえば、値動きとセットで「**為替**」という言葉をよく耳にします。「株と為替の値動きをお伝えします」ってニュース番組で聞きますが、為替ってなんですか？　なんとなく「海外旅行前に円とドルを換金するときのレート」、総じて日本円と外貨のレートくらいの

イメージがあります。

ざっくり言うとそれが為替です。ニュースなどでよく使われている為替って、ひとことで言うと**日本円の価値のこと**。円安か円高か、ということです。

では、どうして「株と為替の値動き」を一緒に伝えるんですか？

それは、株価の動きと同じく、**為替の動きも経済情勢を把握するのに役立つ**からです。**為替の動きが株価に影響する**から、ともいえます。

円の価値が高くなると円高、円の価値が安くなると円安、ですよね。これがどう株価に影響するのでしょう？

そもそも外国と取引をするときって、「どの通貨で金銭のやり取りをするか」を決めて、自国通貨でないときには通貨を交換します。通貨を交換するための市場を「**外国為替市場**」、通貨を交換するときの比率を「**為替レート**（**外国為替相場**）」と呼びます。たとえば

アメリカのドルを日本の円で購入したいとき、為替レートが1ドル100円なら、「100円で1アメリカドルを購入できる」となります。実際は、円を外貨に両替するときは手数料がかかるので、もう少し高くなりますが。

その為替が株価にどう影響するんですか？

為替と株価の関係は、海外と商取引する企業をイメージするとわかりやすいと思います。たとえば日本からアメリカに商品を輸出している企業であれば、同じように100ドル分の商品を売っても、1ドル130円なら1万3000円の売上ですが、1ドル100円なら1万円の売上になりますよね。かなり単純化して説明していますが、このように**会社の業績に為替が影響する**ので、その結果として株価も変動するというわけです。

なるほど、イメージはなんとなくつかめました。でも、為替って、何だか言葉自体が難しいですよね。

そうですね。本来の為替という言葉の起源は、江戸時代にまでさかのぼります。たとえば、

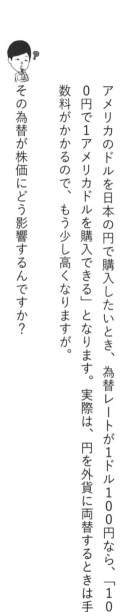

商人Aさんが商人Bさんにお金を支払いたいとき、現金を直接届けるのって危険がつきまといますよね。

誰かに奪われるかもしれない。

そこでAさんが今でいう銀行のような役割を担った商人**「両替商」**にお金を渡して**「為替手形」**という証書を発行してもらう。その手形を受け取ったBさんが、指定された両替商に持って行き、代金を受け取る、というやり取りが行われていました。このように、**リアルな現金のやり取りをうまく避けるために発達した「置き換える仕組み」が為替**というわけなんです。

なるほど。今なら、日本円を他の外貨に置き換えるから為替、なんですね。

はい、その通り！

「投資信託」は〝プロに投資を任せる〟投資

為替もそうですが、お金関係のワードって難しいものが本当に多い……

たしかに、見たり聞いたりしただけだと意味がわからない言葉は多い気がします。

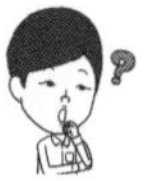

たとえば**「投資信託」**という言葉も、投資に関係ありそう、とは思うんですが、どういうものなんでしょう？

投資信託とは「投資を〝信じて託す〟こと」。言い換えると**「投資をお願いする」**という意味です。つまり**「自分で投資をする代わりに、投資の専門家であるファンドマネジャーに、株など複数の商品の投資・運用をお願いすること」**です。

自分で株を売買するのとは違うメリットがあるんですか？

「投資信託」とは？

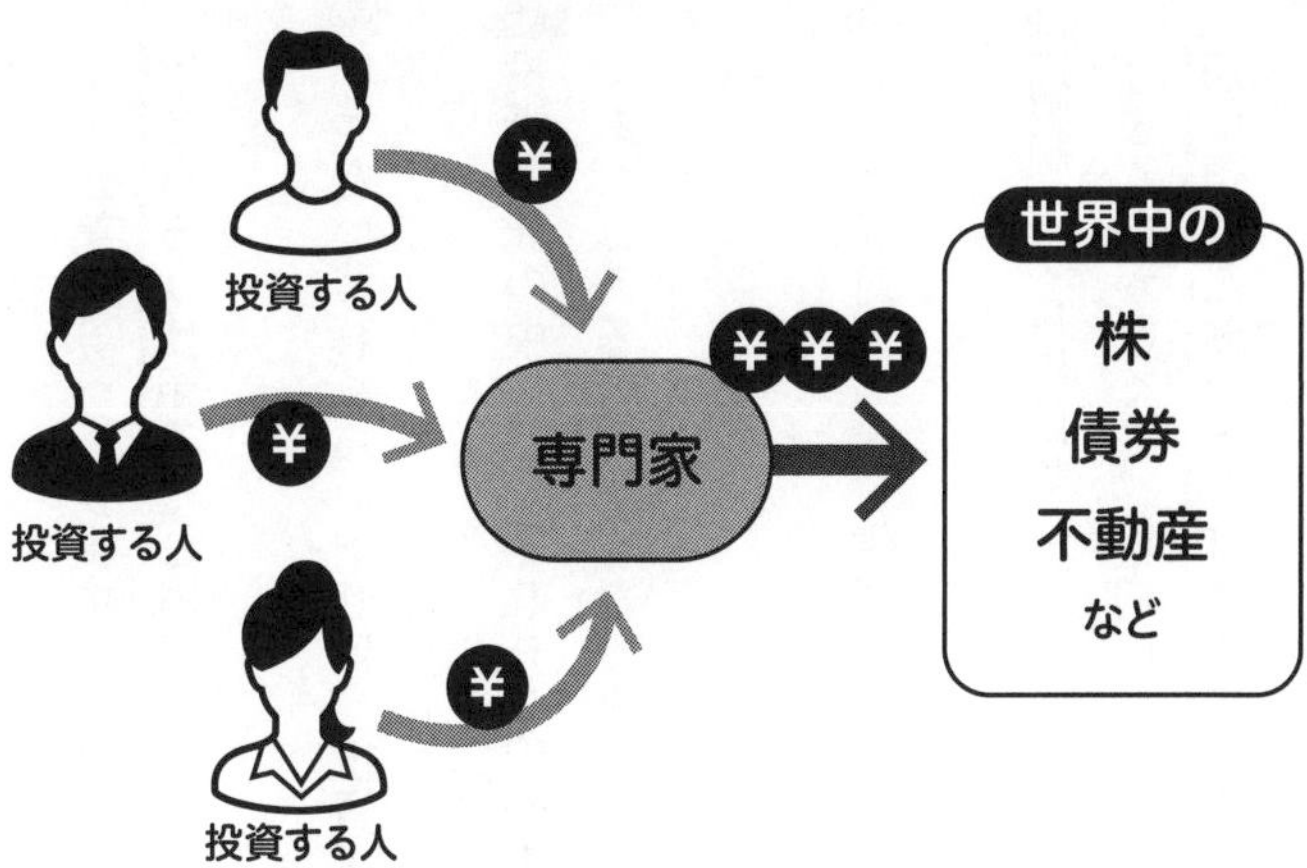

自分で投資をする際は、どのような金融商品を、どのタイミングで、どれくらい買うのか、決断する必要がありますよね。買ってからも逐一チェックしなくては、良いタイミングで売れません。もちろん「それが楽しみ」という人もいるでしょうが、「時間をかけられない」「考えたり調べたりすることが苦手」という人だっています。

まさに僕です……

そんな人でも気軽にできる投資商品が投資信託です。また、「**世界の様々な投資の対象に、少額から少しずつ投資ができる**」こともメリットです。一人ひとりが出した額は少額でも、その投資信託にお金を出した人たちはたくさんいますから、合算すればかなりの額になります。なので、1人だととても買えない高額な大企業の株へも投資できたりするんです。とにかく、**プロに運用をお願いして収益を挙げてもらう仕組み**だと思ってもらえばいいんじゃないでしょうか。

いったいどれくらい出せば、投資信託を買えるんですか？

投資信託の中には、1000円や1万円から買える商品も多くあります。もちろん、少額であればあるほど大きなリターンは望みにくくなりますが、比較的気軽に始めやすいんです。

じゃあ反対に、投資信託のデメリットは？

「敏腕のプロに任せる」とはいえ、投資には常に博打的な側面がつきまといます。運用がうまくいかなくて、最初に払った分「元本」が減ることもあるでしょう。**投資信託は、最初に預けたお金が保証されている金融商品ではありません**から。

プロが運用してくれるといっても、必ずしもうまくいくわけではない、そこは覚悟しておくべし……ということですね。

はい。また、**投資信託を買って保有している期間は、手数料がかかります。**商品ごとに金額は異なりますが、高くつくものもあるので注意が必要です。つまり投資信託とは、運用のプロに株などの複数の商品への投資・運用をお願いする金融商品のこと。自分で株を選んで投資するのが不安であれば、投資信託を選ぶことでリスクを抑えられますが、確実にリターンが返ってくるとは限りませんし、人にやってもらうのですから手数料がつきます。

ただ言えるのは、**総じて初心者でも始めやすい**、ということですね。

投資信託ってプロの投資家向きのレベルの高い話だと思っていましたが、むしろ逆なんですね。投資信託を買うときも証券会社を利用すればいいんですか？

はい。ちなみに、投資信託は10年ほど前は証券会社と、投資信託の運営や管理を行う投信会社でしか買えなかったんですが、今は、**銀行、保険会社、郵便局、農協など多くの金融機関で買えます。**あと、窓口に行かなくても、ネット経由で証券会社や今紹介したような

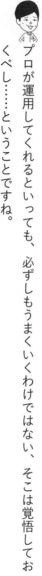

ところから買えるので便利ですよ。

そういう意味でも、結構取り組みやすいんですね。

ちなみに、投資信託のことを「**ファンド**」と言うこともあります。また、投資信託をする人たちの集団、組織のことも、同様に「ファンド」と呼ぶこともあります。

リスクをとにかく抑える「インデックスファンド」投資

小林さん、もし仮に僕のような超ど素人が投資をするなら、何から始めるといいんでしょうか？

まずは「**インデックスファンド**」と呼ばれる商品を選ぶことをおすすめします。実は私も個別株に投資はしていませんが、毎月一定額の投資信託をインデックスファンドで買っています。

インデックスファンド……（また難しそう……）

「みんなから集めたお金を、目利きのプロがいろんな株などを買って増やす商品」というのが投資信託ですが、この投資信託には大きく2種類あります。プロが自分の知識や経験に基づいて運用するタイプの「**アクティブファンド**」、そして日経平均株価などの指数に合わせて運用するタイプの「**インデックスファンド**」です。

そう聞くと、プロに完全にお任せする「アクティブファンド」のほうがいいような……。でもインデックスファンドのほうがおすすめなんですよね？

はい。まず理由のひとつは、**インデックスファンドのほうが「信託報酬」という手数料が低い**ことにあります。さらに、投資のパフォーマンスも実はインデックスファンドのほうがいいケースが少なくないんです。なぜなら、インデックスファンドのほうが「**分散の効果**」が働いているから。値下がりするリスクを抑えることができるんですよ。

分散の効果、ですか……？

そう。ここで思い出してもらいたいのが日経平均株価です。インデックスファンドの中には、「日経平均株価に連動するインデックスファンド」や「アメリカの株価指数に連動するインデックスファンド」といったものが存在します。

それと、「分散の効果」とやらはどう関わってくるんですか？

では、日経平均株価に連動するインデックスファンドを例に考えてみましょう。**このインデックスファンドに投資をすれば、日経平均株価の対象となる２２５銘柄すべてに分散投資をしたのと同じ効果を得られます**。ということは、極端な話、もし２２５銘柄のうち１つの銘柄の株価が下がったとしても、他の２２４銘柄の株価が上がれば日経平均株価トータルで見ればプラスになりますよね。そうすると、日経平均株価に連動するインデックスファンドの価値も上がるということです。

つまり、リスクが低い、ということ？

はい！　あとは、**個別の株式を選ぶのに比べてインデックスファンドのほうが投資先を選**

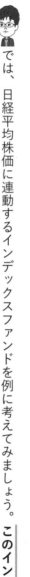

びやすい点もリスクを抑えられる理由のひとつです。

選ぶのが簡単、ということですか？

インデックスファンドの中には、日経平均株価に連動するものもあれば、前述のように海外の株価指数に連動するものもあります。そうすると、「この国は経済成長しそう」という期待からインデックスファンドを選べますよね。**「どの会社が成長するか」を選ぶよりも、「どの国が成長するか」をざっくり選ぶほうが簡単**に思えませんか？　ちなみに私はアメリカの株価指数「Ｓ＆Ｐ５００」に連動するインデックスファンドに投資をしていますが、これはアメリカに経済成長の可能性を感じているからです。

……（アメリカ……）

私もアメリカの株式について詳しいわけではないので、個別のアメリカ企業の株には手を出していません。でもＳ＆Ｐ５００の過去１５０年ほどの値動きを見ると、１９２０年代の世界大恐慌のような経済危機を除き、概《おおむ》ね右肩上がりに成長を続けています。インデッ

クスファンドは個別の銘柄よりも値動きが穏やかで、過去の推移を見るとある程度の予測を立てることができますので、そういった意味でも取り組みやすいと思います。

リスクを抑えたい人、そしてざっくり投資先を選びたい人向きの投資信託アイテム、と覚えておきます！

「国債＝国の借金」を買うってどういうこと？

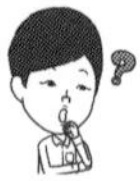
投資といえば、よく「銀行に預けるよりも**国債**を買ったほうがいい」みたいな話も聞きます。でも、前にも登場した「国債」って、ざっくり言うと国の借金ですよね？「国の借金が売り買いされている」というのも不思議なのですが、それを買うことでなぜ利益が生まれるのかもよくわからないんです。

「借金を売買する」だけ聞くとイメージが湧きづらいかもしれませんね。では、国債そのものの仕組みから見ていきましょうか。

お願いします！

国債とは、おかたく言うと**「日本の政府が発行し、金利を支払う、信用度の高い『債券』」**です。債券とは、事業に必要なお金を集めるために発行するもの。なので、**梅田さんが国債を買うというのは、梅田さんが国にお金を貸すことと同じで、いずれ金利がついて戻ってきます**。国にお金を貸すわけですから、人にお金を貸すよりも戻ってくる信用性が高いですし、金利もきっちり払ってもらえそうですよね。

国の借金を一般の人が買うと思うとなかなかクレイジーですが、実態はそうじゃないんですね。

国債を買う人たちの多くは、「国の借金を買う」というより**「国に投資をしている」**感覚かもしれません。国債は元本保証されています。つまり、**いったん払った金額以上のものが返ってくることが約束されている**ので、長い目で見る必要がありますがゼロリスクなんです。だから、「利息がちょっと高めの定期預金に預ける」もしくは「リスクの小さな投資をする」という感覚なんじゃないでしょうか。預金と投資の間に国債があるとイメージして

おくと、わかりやすいと思います。

投資したお金が保証されているという点は、これまで教えてもらった投資商品と大きく違いますね。国債を買うと、実際どれくらいの金利がつくんですか？

国債にも変動金利と固定金利があって、購入する時期によって金利は変動します。ただ、一般向けに販売されている**「個人向け国債」の最低保証金利は年率0・05%**と設定されているので、預金よりは多少高い金利になっています。

「国債の金利」の決まり方

銀行の場合は日銀との兼ね合いで金利が定まっていく、という話でしたが、国債の金利はどうやって決まるんですか？

そもそも国債って、国が「入札形式」で金融機関に売るものなんです。国が「今回は国債

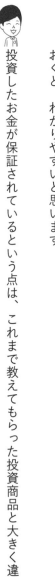

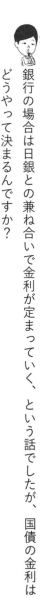

を△△円分、発行します」と発表すると、それを金融機関が競って買い取る、という流れです。国債の入札方式には、購入価格の条件を競う「**コンベンショナル方式**」と、金利の条件を競う「**イールドダッチ方式**」があり、前者であれば最も高い購入価額、後者であれば最も低い金利を提示した銀行から順に、国が国債を割り当てる仕組みです。

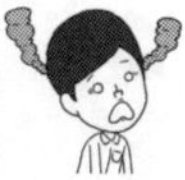

……。そこまでして銀行が買いたがる理由は、安心できる人気投資商品だからですか？

その通り。たとえば、コンベンショナル方式で、A銀行がもっとも高い購入金額を提示して国債を国から買ったとしましょう。この国債がA銀行から一般の人に売られるときは、さらに少し高い価格がつけられます。なぜなら、「買った国債を売ること」でその銀行も利益を得なければいけませんから。それでもリターンが約束されている国債は、商品として魅力的なんです。

なるほど。ということは、僕が国債を買う場合、銀行に行けばいいんですか？

個人向け国債は、銀行や証券会社の販売窓口で買えます。もっとも代表的なのは「ゆうち

ょ銀行」です。ただし、その金融機関の口座を持っていることが条件です。また、証券会社や銀行の一部では、ネット販売もありますよ。

話を聞いていると、安全だし、確実にリターンが返ってくるなら、優良投資先のように思えてきます。

いえいえ、デメリットもあるのでおさえておきましょう。やはり**確実な分、リターンは株で儲けた場合と比べて抑えられます**し、大きいのは、**預金のようには簡単に引き出せない**という点です。

え？

換金できるのは、国債を買ってから1年以上経過した後になるので、それまでは現金化できません。また、国債は「変動10年」「固定5年」「固定3年」というふうに、金利のタイプとともに満期までの年数が決められています。たとえば変動10年なら、変動金利で、換金できるまで10年あるということです。もし満期までに中途解約をすると、その分金利が少

なくなってしまうので、**もし国債を買うのであれば長期的な投資として計画的に考えるべき**でしょう。

変動10年で買った場合、「これから金利が下がりそう」だからといって、「途中でやめた」とはできないんですね。あとは、株で儲けた場合と比べて、リターンは少なめ……

投資をするのなら、リターンとリスクを考えて、自分に合った投資先を選ぶことが大切です。絶対に元本割れをさせたくないのであれば国債は悪くない選択だと思います。でもリターンもそれなりにほしいのであれば、投資信託や株式投資を考えたほうがいいでしょう。

「ストックオプション」は新しい給料のもらい方

ちなみに、梅田さんは「**ストックオプション**」って知ってますか?

ストックは「株」、オプションは「選択肢」……僕のマネーリテラシーでは正解にはたどり

着けそうにありません……

あらかじめ決められた価格で自社株を買う権利のことです。株と会社員にまつわる比較的新しい用語なので、知っておいたほうがいいかもしれません。

自社株ってことは……「その会社に勤めている人」しか買えないんですか？

どの範囲まで「買える人」を広げるかは各社の自由です。その会社の役員や従業員、それに取引先の人たちも買える場合もあります。自分が所属している会社であり、しかもその株を持っていて会社の株価がどんどん上がっていった場合、自分たちにも利益が還元されることになるので、みんなのモチベーションがアップしますよね。それが「ストックオプション」というシステムの狙いです。

努力と持っている株の価格が連動する仕組みなんですね。

この制度は、外資系企業やベンチャー企業などでよく見られます。けれども視点を変えれ

ば、「今は本来の給料を多く支払えなくてごめん。代わりにストックオプションを割り当てるからがんばって！」という見方もできちゃうんですよね。

じゃあストックオプションをもらう代わりに、「給料は低め」ってことなんでしょうか？

うーん、一概には言えませんが……。ほかの大手企業よりは、低い傾向にあるでしょうね。けれども、ストックオプションには夢があるんです！

夢、ですか……（何か熱い話？）

本当に成長する会社のストックオプションって、急激に値上がりすることがありますから。たとえばA社の社員のXさんが、「今後5年間、1株100円のストックオプションを、最大2000株まで取得できる」という条件を会社から提示されて、2000株取得したとします。つまり、費やした額は20万円。3年後、A社が成長して株価が1株500円に値上がりしたとき、Xさんが持っていた2000株をすべて売却したら、1株100円・合計20万円で買った2000株を、1株500円・合計100万円で売却することに

なります。すると「100万円－20万円」で、80万円の利益が発生します。

おお、なら仕事のモチベーションが上がりそう！

実際には、株を売って得た利益には所得税と住民税がかかるため、手元に残るお金は100万円より少なくなりますし、株価が下がるリスクも常にあります。当たり前の話ですが、会社の業績が悪化すると、ストックオプションの価値も下がります。そんな仕組みがわかっているからこそ「みんなでがんばろう」と士気が上がる、そんなことを狙った報酬制度なんです。

「REIT」で土地に少額投資できる

ストックオプションって、新しい給料やボーナスのもらい方ですよね。株や投資も、時代に応じて新しいスタイルのものが出てくるんですね。

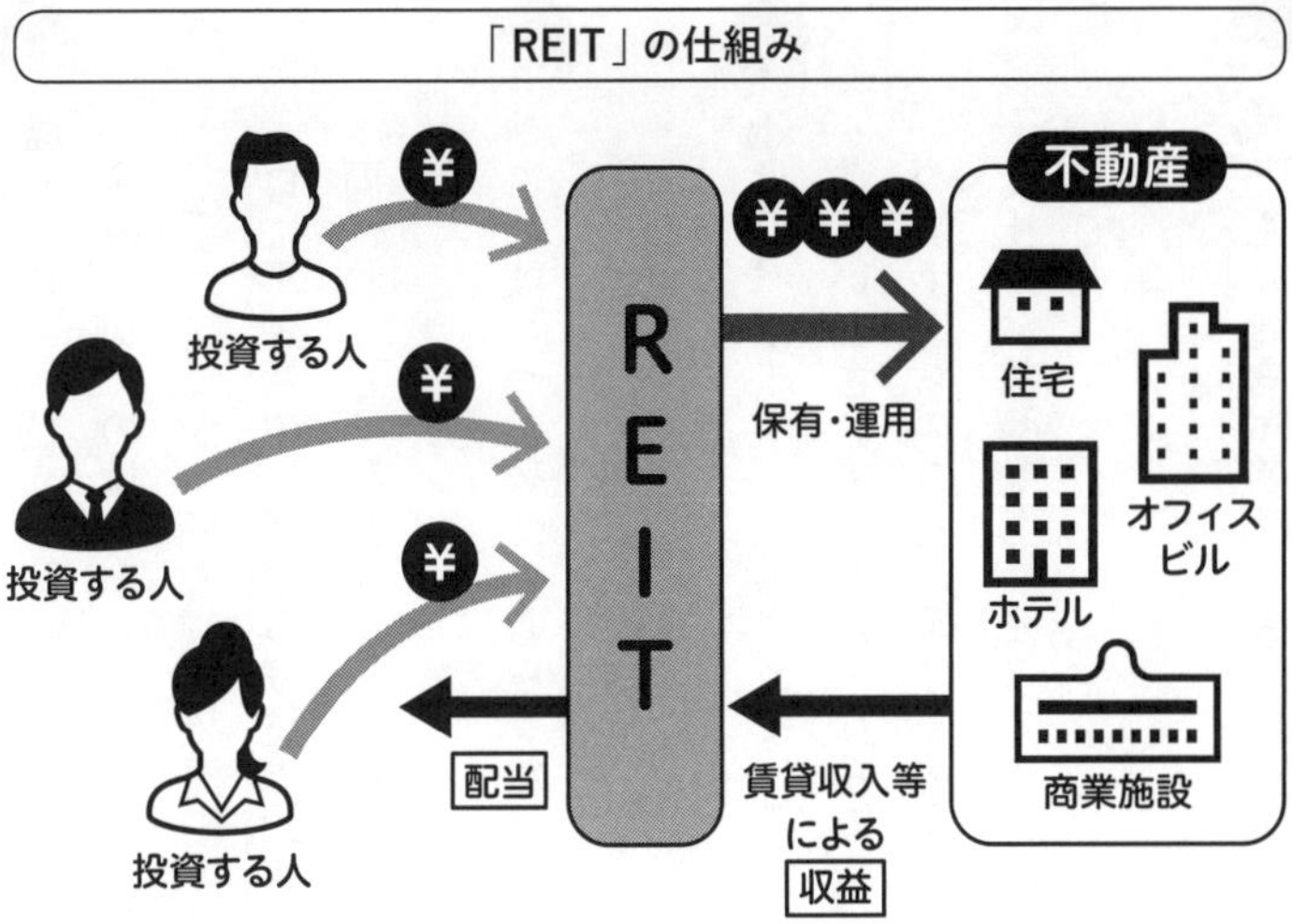

たとえば「**REIT**」（リート）の仕組みも面白いですよ。聞いたことありますか？

リート……？　初耳です。

比較的新しい投資信託です。まず、多くの投資家にリートを買ってもらい、集まったお金でマンションやビル、商業施設などの不動産を購入します。それを売り買いしたり、誰かに貸したりして利益を得、その利益を「リートを買ってくれた投資家たち」に分配する仕組みの商品です。**要は不動産への投資**です。

つまり、「みんなで土地に投資する」ってことですか？

まさに！　個人がアパートなどの不動産を買い、それを人に貸して、大家として家賃収入を得ていくのはかなり面倒ですよね。まず借り手を見つける必要がありますし、たとえ借り手が見つかっても、家賃滞納のリスクもつきまといます。その点、**リートであれば、プロに不動産の維持から家賃の回収まですべてを任せられるので楽ちん**です。プロに運用を肩代わりして利益を出してもらい、配当金を分けてもらうという考え方です。

これはさっき教えてもらったファンドと考え方は一緒ですよね。その不動産バージョンがリート、ということですね。

はい。リートが注目されているのは、数ある投資先のなかでも土地への投資って個人だと難しいとされていたからなんです。不動産の価格が上がると予想しても、土地代って高いので手持ちのお金が足りず買えないことはよくあります。だから、ほかの人たちと協力して土地に投資をし、そこで得た利益を分配しよう、というのは非常に魅力的な投資形態なんです。

でも、地震や災害なんかで被害を受ければ価値が下がるリスクもあるのでは？

それでも**小規模で持っているから、不動産をまるごと買うよりも損は少なくなる**でしょう。
また、**1つの物件に集中してではなく、分散して複数の物件に投資を行っているのでリスクは抑えられます。**

じゃあ、自分が「一部を投資している不動産」に入ったり、間借りしたりすることってできるんですか？

残念ながらできません。リートを通じて所有する不動産は、権利を売買することはできても不動産を丸ごと所有するのとはわけが違います。株を多少持っていても、その会社を好き勝手に動かせないのと同じ理屈です。

あくまでバーチャルな権利だけを所有している、というイメージですね。

そうですね。ちなみに、リートは株のように商品がいくつかあり、価格もバラバラです。高いものであればリートを買うのに100万円以上必要な場合もありますが、探せば10万円以下から始められるものもあります。若い人でも、やろうと思えばできないことはあり

ませんし、ワンルームマンションにまるごと1人で投資するより低リスク。これも、リートが注目されている要因だと思います。

「NISA」で株の利益が非課税に

ここまで投資について色々基礎情報を教えていただいたのですが、最後に小林さんに確認しておきたいことがあって……株にまつわるひととおりの知識が身についたとしても、**僕が投資を実際にやる必要ってないですよね**？

もちろん、特にやる気があるわけでもなく好きでもないのに、わざわざ手を出す必要はないと思いますが……。どうしてですか？

あるお金の専門家と話をしたとき、「**大人のたしなみとして、株くらいやっとくべきでしょ**」的なことを言われたんですよ。

なるほど。たしかに、バブル崩壊以前のように、銀行に預けておけば金利でお金が増える時代ではありませんからね。将来の備えとして、株などに投資をすることには合理性があります。ただ、投資にはリスクがつきもので、それは有名な上場企業の株でも同じです。たとえば、東日本大震災の直後に東京電力の株が急落するなど……。かつてはＪＡＬの株も一瞬で無価値になりましたからね。

……

生半可な知識しかない人が株にのめりこむのは、いくら便利で情報が得やすくなったとはいえ危険です。**情報が得やすくなったということは、間違った情報も流れ込んできやすいということでもある**わけですから。自分で大量の情報の中、株価を予測するうえで真に有用なものを見つけるのもなかなか大変ですし。

そういう話を聞くと、ますます投資が怖くなります……

とはいえ、今は投資環境が以前より整ってきているのは事実です。知識として知っておい

て、将来の選択肢を増やしておくのはいいんじゃないでしょうか？　ネット証券会社では低い手数料で取引できるようになりましたし、国も「貯蓄から資産形成へ」というスローガンを掲げて、より多くの人が投資に取り組むことを推奨しています。実際、投資に取り組みやすいよう、国主導で制度も整備されていますし。

昔よりもどう投資しやすくなっているんですか？

なんといっても、インターネットで株取引ができるなどテクノロジー面で進歩していますよね。あとは、法整備も進み、投資をする人の税金を優遇するような制度も出てきています。その一例が、「**NISA**」（**ニーサ**）、すなわち「**少額投資非課税制度**」です。

NISA……名前は聞いたことあります。

NISAとは、**1人あたり年間120万円の投資額について、最長5年間に生じた値上がり益と配当にかかる税金をゼロにする**という制度です。NISAを利用するには、銀行や証券会社など、購入したい投資商品を扱っている金融機関でNISA用の口座を開設する

ことになります。この口座で取引をすれば、**いくら利益が出ても税金はかかりません。**国としては、「**税金かけないから、株や投資信託を買ってね**」ということなんでしょう。

じゃあ、たとえば100万円を株に投資して、その売買の結果5千万円の利益が出たとしても「税金はかけません」ってことなんですか？

理論的にはそうなります。ただ、細かい条件はいくつかあります。前提は「**満20歳以上で、日本国内に在住していること**」。そして**株・投資信託を売買する際は、1つの金融機関しか通してはいけません。**また、たとえ損をしたとしても、普通の株・投資信託の売買と同じで補償的なものはまったくありません。自己責任です。

毎年120万円分までしか取引できないということは、大規模に株取引をやりたい人にはNISAは不十分かもしれませんね。

そうですね。あくまで「今まで未経験だった人や初心者に投資をしてもらって、お金を動かしたい」という国の狙いで始まりましたから。

国はどうしてギャンブル要素のある投資を応援しているんですか？

根底にあるのは「個人の資金を、株を売買する市場に呼び込んで活性化させたい」という国の方針です。日本人はお金を貯め込む傾向が強いんです。1998年には銀行の窓口で投資信託を買えるようにしたり、株式の売買手数料を自由化したり、株への心理的なハードルを下げるような施策が進められました。2003年には、当時の総理大臣・小泉純一郎氏が施政方針演説で、「貯蓄から投資への流れを加速する」と発言しています。

国からすれば動かないお金はもったいないということか……。結構いろんなことをしてハードルを下げた結果、初心者も取り組みやすくなっている、と。

そんな動きの延長線上にNISAができたと理解してください。ちなみに、基本的な「一般NISA」以外に、NISAのバリエーションとして2種類あります。少しずつ積み立てるスタイルの「**つみたてNISA**」、20歳未満のお子さん向けの「**ジュニアNISA**」です。ちなみに**NISAとジュニアNISAについては、口座を開設できる期間は2023年12月31日まで**と決まっていますので、利用したいのであればお早めに。

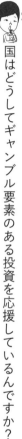

家計における「現金・預金」国際比較

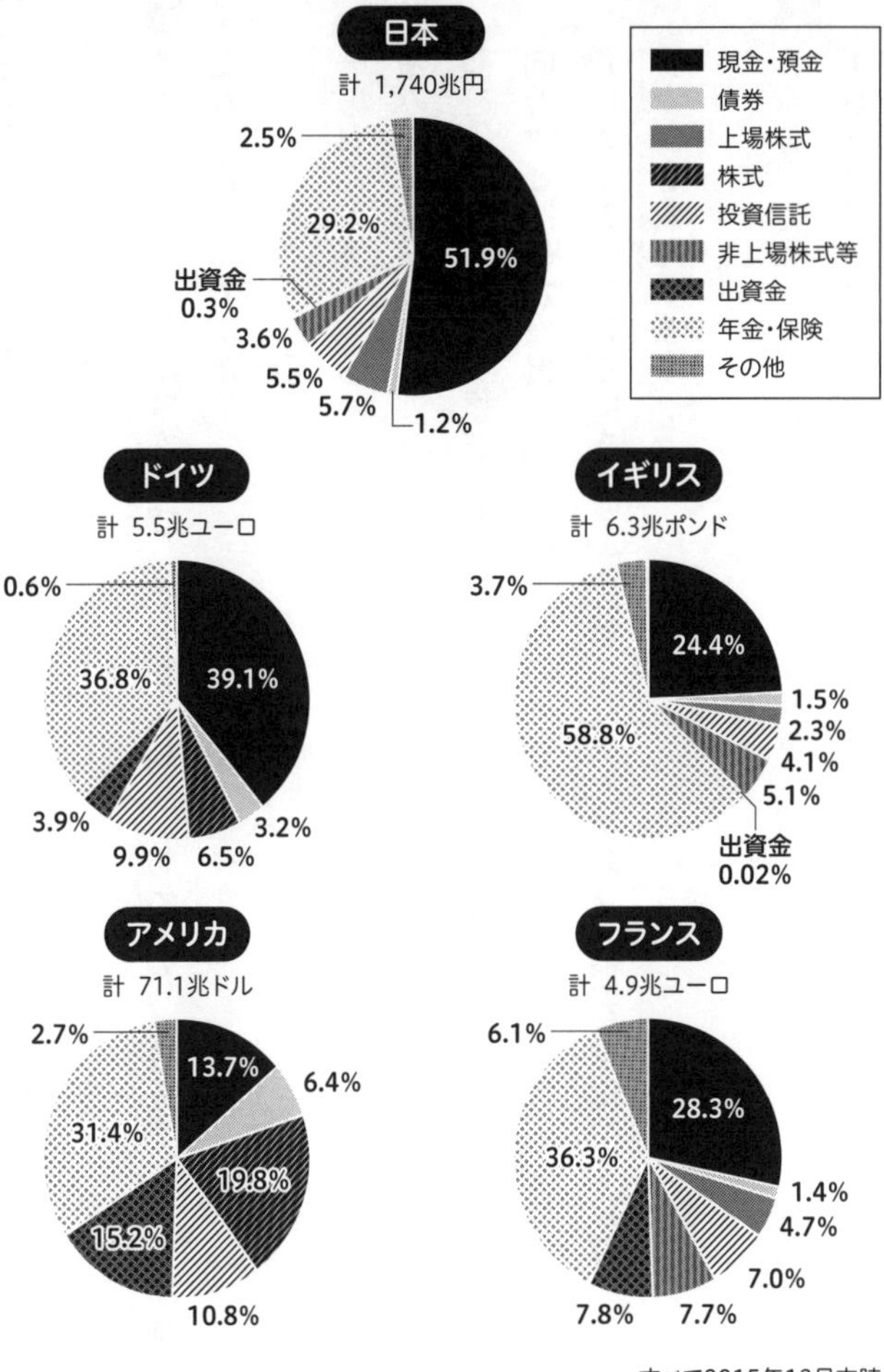

すべて2015年12月末時点
日本：日本銀行「資金循環統計」、
ドイツ：Deutsche Bundesbank "Financial Accounts for Germany"、
アメリカ：Federal Reserve Board "Flow of Funds Accounts"、
イギリス：Office for National Statistics "United Kingdom Economic Accounts"、
フランス：Banque de France "Quarterly financial accounts France"を参考に作成

「N I S A」と「つみたてN I S A」の違い

では、つみたてN I S Aに絞ってお聞きしたいのですが、教えてもらった普通のN I S Aとどう違うんですか?

一般N I S Aの場合、まとまった金額を一括で投資することも、毎月一定額をコツコツと積み立てて投資することもできます。一方、つみたてN I S Aでは、毎月もしくは毎日定額を積み立てていく投資しか認められていません。また、金融庁が「長期的な資産形成に向く」と認めた投資信託しか選べないのも大きな特徴です。**幅広く自由に金融商品を選びたい人にとっては不向きですが、ローリスクで着実に財産を増やすにはいい商品がラインナップされています。**

じゃあ、「今、すごく勢いのあるA社の株に投資したい!」というときには、つみたてN I S Aは使えないんですね。ただ、「長期的」という点がお得と言われても、いまいちピンときません。つみたてN I S Aのメリットがまだ見えてこないのですが。

「非課税で投資できる期間」と「上限額」を見てみましょう。非課税で投資できる期間は、一般NISAは5年間ですが、つみたてNISAは20年間。また上限額は、一般NISAの場合は年間120万円、つみたてNISAは年間40万円です。1年あたりに投資できる金額は一般NISAのほうが有利ですが、**投資できる期間も踏まえると、つみたてNISAのほうがより多く投資でき、利益も非課税**になります。

投資って、長い間取り組むほうがいい結果が出やすいものなんですか？

基本的にはそうですね。前に、複利の効果を紹介しましたよね。株も、運用で得た利益をさらに投資に回せば、複利効果でリターンを増やすことができるので、投資をするなら長期的な視点を持っておきたいところです。それに、**株を売ったときに得られる利益や配当金には、原則的に約20%の税金がかかりますが、NISAは特例として税金がかからない。**これは「低リスクで軍資金少なく、資産を積極的に増やしたい」という人にとっては大きなメリットです。

投資は「2つのスタンス」に大別される

じゃあ、もし「株をやる」となった場合、何かアドバイスをお願いします。

そうですね。2つのスタンスがあると覚えておいてください。1つめは**「インデックスファンドのような、分散効果のある投資をする」というローリスク・ローリターンな安定路線**。2つめは**「将来性が見込める企業の株などを自ら選んで買う」ハイリスク・ハイリターンで博打的な路線**。

ローリスク・ローリターンな安定路線の場合、しゃかりきになって努力しなくていいんでしょうか。たとえばインデックスファンドに投資をしたら、ずっと放置してぬるく見守っていればいいんですよね？

個別の銘柄に投資をする場合は、放置しておくのは危険です。でもインデックスファンドを通じてたくさんの銘柄に分散投資をすれば、いちいち個別の銘柄の値動きを気にする必

要はなくなります。また、投資をするタイミングも、一度に全財産を投入するようなことをせず毎月コツコツと分散して投資すれば、「高いときに一気に買ってしまった」とならずに済みます。初心者が投資を始めるときは、**「分散が肝」**と覚えておいてください。

なるほど……。もし、インデックスファンドが値下がりを続けて、早く手放したいときにはどうすれば？

インデックスファンドは株などと同じく、証券会社などで自由に取引をすることができます。もしインデックスファンドを手放したくなったら、解約を申し込むことになります。ネット証券であれば、パソコンやスマートフォンからでも解約できますよ。とはいえ、インデックスファンドは長期的に投資をして、じっくりと育てていくのが基本です。**ちょっとした値下がりのたびに慌てて解約をしていると売買手数料がかさみますし、解約した後に値上がりすることも考えられるので、慎重に考えてください。**

わかりました。そういえば、インデックスファンドに投資をするときも、ＮＩＳＡは使えるんでしたっけ？

はい、大丈夫ですよ！　インデックスファンドなら、一般ＮＩＳＡとつみたてＮＩＳＡ、どちらの制度でも利用することができます。一方、個別の株やリートに集中的に投資をしたいのであれば、つみたてＮＩＳＡは利用できません。この場合は一般ＮＩＳＡなら利用できます。

投資って一口に言っても、ギャンブル的なスタイルからローリスクなものまで色々なやり方があるんですね。それに税金面での優遇制度もある。とりあえず、もし株をやろうとなったら、「インデックスファンドから検討して、できればＮＩＳＡも利用する」と覚えておきます！

はい、それで十分だと思います！

COLUMN

「先物取引」ってなんですか？

私たちが投資できる商品には､個別の株や投資信託など様々なものがあります。その中でもユニークな特徴を持っているのが**「先物取引」**です。

先物取引の中には、小麦や大豆、ガソリンなど〝商品〟を扱う「商品先物」や、〝金〟を扱う「金先物」などがあります。

株などの投資の場合、「その時点の価格で売買する」のが基本的なルールですが、先物取引の場合、**「未来の売買価格を今決める」**という特徴があります。つまり、取引価格をあらかじめ予約しておくことで、実際の取引相場との差額から利益を狙うことができるのです。

たとえば、「大豆が近い将来に値上がりしそう」と思ったのなら、「値上がりする前の価格で○月△日に買う」と予約をします。**そうして実際に値上がりをしたら、値上がりする前の予約価格で大豆を買って、すぐに売却すれば利益を得ることができます**。反対に、「将来値下がりしそう」と思う商品については、「値下がりする前の価格で売る」という予約をすることで、利益を確保することも可能です。

なお、先物取引には**「レバレッジをかけられる」**という特徴もあります。レバレッジとは小さな力でも重いものを持ち上げられる「てこの作用」を指す言葉で、**「取引証拠金」という投資する先物商品のリスクに応じて設定されるお金を支払えば、取引を始められます**。たとえば10万円以下の資金で、200万円の商品先物の取引を行うこともできるというわけです。つまり、少額の資金投資で、多額の取引をしたのと同様の成果を得ることができます。

ただし、レバレッジをかけると、利益を数倍に拡大できる反面、**相**

COLUMN

場を読み間違えると損失が数倍に膨らむこともあり得ます。思わぬ損失を避けるためには、損失が一定水準に達した場合に強制的に決済をする「ロスカットルール」を活用するという手もありますが、総じてかなり上級者向けの投資形態ということはおわかりいただけるのではないでしょうか。

ちなみに、商品先物では大豆やガソリンなどが投資対象となりますが、あくまで**権利の売買のみ**。大豆やガソリンなどが自宅に送られてくるわけではありません。

モデルが秘密にしたがる体幹リセットダイエット

佐久間健一 著

爆発的大反響！

テレビで超話題！芸能人も－17 kg !! －11 kg !!!

「頑張らなくていい」のにいつの間にかやせ体質に変わるすごいダイエット。

定価＝本体 1000 円＋税
978-4-7631-3621-3

ゼロトレ

石村友見 著

ニューヨークで話題の最強のダイエット法、ついに日本上陸！

縮んだ各部位を元（ゼロ）の位置に戻すだけでドラマチックにやせる画期的なダイエット法。

定価＝本体 1200 円＋税
978-4-7631-3692-3

見るだけで勝手に記憶力がよくなるドリル

池田義博 著

テレビで超話題！ 1 日 2 問で脳が活性化！

「名前が覚えられない」「最近忘れっぽい」

「買い忘れが増えた」

こんな悩みをまるごと解消！

定価＝本体 1300 円＋税
978-4-7631-3762-3

3章

何をどれくらい納めないといけないんですか？

税金についての話

「税」の存在理由

小林さん、いきなり愚痴っぽくなってしまうんですが……

ど、どうしました？

源泉徴収や年末調整、それにＮＩＳＡの話なんかでも出てきましたけど、**がんばって稼げば稼ぐほど税金を払わないといけないのがいつも腑《ふ》に落ちません。**それに、別に大儲けしているわけじゃないのに、源泉徴収で結構引かれている気がします。

日本国憲法に定められているとおり、「『納税の義務』があるから」という理由では納得できませんか？

義務だというのは、頭でわかってはいるんですが……

気持ちはわかります。私も時々、「税金がなければもっとお金が残るはずなのに」と思うことはありますよ。でも、税金がなくなると、今あるような社会は成り立ちません。

それも、理屈ではわかるんですが……

まだ納得されていないようですね。では、税金の代表的な3つの機能についてお話ししましょう。1つめは「**所得の再分配**」という機能。税金というシステムがないと、優秀な人は際限なくお金を稼げますが、病気やケガ、家庭の事情などで働くことができない人は生活がどんどん苦しくなる。そんな不公平をできるだけなくすように、「**高額所得者からは多く納税してもらい、そうでない人からはあまりとらない**」というのが国の基本姿勢。国民全体の生活レベルを平準化するという、日本全体を考えたときの施策です。

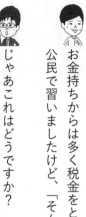

お金持ちからは多く税金をとって国民全体の生活水準を安定させる、と。まあ、中学校の公民で習いましたけど、「そんなこと言われても……」というのが本音です。

じゃあこれはどうですか？「**みんなが使うところを維持する**」という機能です。「税金という仕組みがない社会」を想像してみてください。基本的にあらゆるサービスが民間企業の運営となるため、利用者はその都度料金を支払わねばなりません。たとえば、水道やガスなどのインフラが完全に民営化されると、利用料金が高騰したり、地域ごとに価格差が出てくることが予想されます。

それは困りますね。

無料で通行できていた一般道路には、整備にお金がかかるので通行料が課せられるかもしれません。また公立の学校が廃止され、高額な私立校に通う必要が出てくることも考えられます。消防車やパトカー、警察官もいなくなるので、街は大荒れ。災害が起こっても自衛隊は救助に来てくれない、なんてことにもなりかねません。

たしかに、「あって当たり前」と思っているものにも維持するためにお金がかかっていることは忘れがちですね。それも国民全員で出し合って負担する、というのはたしかに理にかなっている気がします。

税で「景気の過熱」を抑える

そして3つめが「**景気の調節機能**」。景気が悪いときは税金を下げる。景気がよくなりすぎると税金を上げる。すると、ちょうどいい具合に調節ができるんです。

これまた、中学校の公民で習ったような……

基本的に、世の中の人がたくさん買い物をすれば景気がよくなり、逆にお財布の紐《ひも》が締まると景気は悪くなります。なので、悪くなった景気をよくするには、もっとお金を使ってもらうように促す必要があります。そこで税金を下げると、人々の手元に多くのお金が残るので、お金を使ってもらいやすくなりますよね。その結果、景気が上向きになると考えられるんです。

なるほど。でも、景気がよくなると税金を上げて引き締めるのはなぜですか？　景気って、よければよいほどいいんじゃないんですか？

では、極端に景気がよくなったバブル期のことを考えてみましょう。バブル期には株や不動産価格が異常に値上がりして、世の中の物価が全体的に上がりすぎていました。すると一般の人はむしろ生活しにくくなってしまう。だから、税金を上げることで過熱した景気を冷まそうとしたのです。

具体的に、税金がどうやって景気を調節したんでしょう？

たとえば、**バブル期は相続税の税率が最大で75%**にも上がっていました。

えっ、4分の3が税金で取られていたんですか!?

あくまで最大の税率なので必ず75%取られるということではないのですが、インパクトのある数字ですよね。ちなみに、その後の景気の悪化を受けて、相続税の最高税率は55%まで下がっています。このように景気が悪くなると、「もっとお金を使ってください！」ということで税金が低くなるのがセオリーです。

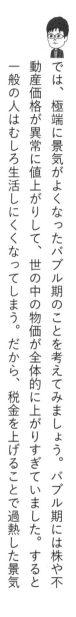

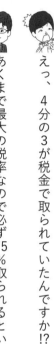

消費増税にともなう「軽減税率」
——テイクアウトは8%、イートインは10%

じゃあ2019年、消費税が8%から10%に上がりましたが、あれは景気を下げようとしているから？　いまいち景気がよかったという実感はないのですが……

いい指摘ですね。**実は消費税の増税は、景気の調整をねらって行われたものではありません。**財務省のホームページを見ると、消費税引き上げの理由は「高齢化社会における社会保障の財源の確保」とされています。少子高齢化が進み、年金などの財源が不足することが予想されるなか、苦肉の策として増税に踏み切ったことがうかがえます。

では、景気調節という面から見れば、消費増税はあまりよくないということ？

「景気を冷ますために増税」というセオリーから外れているので、そのような考えもあります。実際、消費増税に反対している人も少なくないようです。そういった声もあり、消

費税が10％に増税された後も、飲食品や新聞など生活に必須とされるものには「**軽減税率**」が適用され、例外的に消費税が8％に据え置かれています。

聞いたことあります。でもニュースを見ると、軽減税率ってややこしいんですよね？　たしかイートインがどうとか……

話題になっている「イートイン脱税」というものですね。スーパーなどで飲食品を購入する場合は8％になるのですが、**外食の場合、軽減税率の対象外なので10％**なんです。では、イートインはどうなると思います？

イートインでもその場で食べているんだから、外食と同じ扱いで10％？

正解です。だから、お店によっては、「店内で召し上がりますか？　お持ち帰りですか？」と聞いて、お持ち帰りの場合は軽減税率で消費税を計算しています。ただ、なかには「持ち帰りです」と答えて、実際はイートインスペースで食べる人もいるようです。そうすると、本来は10％の消費税なのに8％しか支払っていないことになりますよね。

だからイートイン脱税。

ただ、国はイートイン脱税に対して罪と判断しているわけではなく、罰則もありません。
私自身、こうしたことを逐一取り締まることは不可能だと思いますので、結局はお店側の対策や利用者のモラルに頼らざるを得ないでしょう。

税金を払わないとどんな「ペナルティ」がある？

そもそも税金って、**支払わないとどうなるんですか？** 仮定の話ですけれど、たとえば「納税を拒み続け、踏み倒して逃げ切ること」って可能なんですか？

非現実的でしょうね。身近な「住民税」で考えてみましょう。「単純に忘れていた」「お金がなくて支払えない」などの場合、納付期限を過ぎても何もアクションを起こさなければ、市区町村の役所から督促状が家に届きます。その時点で、お金をかき集めて払える人はよしとして、物理的に払えないとき。督促状を放置すると、ついには「差し押さえ」を予告

する書面が送付されてきます。つまり、財産が強制的に没収されてしまうということです。

どうしても払えないときは、役所や税務署に相談したほうがいいんですか？

はい。相談をすれば、分割払いにするなどして差し押さえを待ってもらえる可能性があります。とはいえ、払えない言い訳を繰り返したり約束を破ったりしていると、待ってもらえなくなるかもしれませんが……

本当はお金があるのに嘘をつくとまずいですよね？　ばれますよね？

税務署など税務に関係する役人には、税金滞納者の預金口座を照会する権利を与えられる場合もあるので、**嘘の報告は通用しません**。それに、延滞税について説明しましたよね。税金は「**払わない期間が長くなるほど支払い額が増えるシステム**」になっていますから、嘘をついて先延ばしにしても結果的に税金が増えるだけです。

なんだかレンタルビデオ屋さんみたいですね。返すのを忘れていると、「いつの間にか最

初に借りた金額の10倍になっていた」的な。

前述のように、差し押さえられたものはその後公売にかけられ、入札制で強制的に広く一般に売られます。たとえば大きなものだと土地や建物、車。小さなものだと家具や生活雑貨まで。

差し押さえるものすらない場合は？

差し押さえるものがなかったりご本人が死去されていたりする場合、お子さんや配偶者などの相続人に「納税の義務」が引き継がれます。もちろん、延滞税もつきます。この場合、相続した財産を換金するなどして税金を納めることになりますね。ただ、**相続を放棄することで税金を免除してもらうこともできます。**とはいえ相続放棄をすると、税金だけでなく相続するはずだった財産も手放すことになるので、いわば最終手段ですね。

「相続税」「贈与税」が発生するケース

相続の話が出たところで、税金の大物と呼ばれる「**相続税**」についてもう少しお話ししておきましょうか。ここは私の専門でもあるので!

遺産相続とかのときにかかる税金ですよね。なぜ、相続税が「税金の大物」なんですか?

相続税は「**税金の最後の砦**《とりで》」と形容されています。おもに資産家や富裕層の人などが亡くなったとき、税務署などの職員が残した財産を調べることがあるんですよ。たとえば、「どう見てもお金持ちなのに、残した財産が少なすぎる」といったケースですね。

ということは、まず前提として、亡くなったときに遺族はその財産を申告しなければいけないということ?

そうです。ただ、すべての人に申告義務があるわけではありません。相続税には「**基礎控**

除額」というものがあり、**相続財産から借金などを差し引いた金額が基礎控除額を超えなければ、申告もいらないし、当然納税も必要なくなります。**

給与所得控除みたいですね。基礎控除額はどれくらいの金額なんですか？

「3千万円＋（法定相続人×600万円）」という計算式で求めることができます。法定相続人の詳しい説明は省略しますが、たとえば私が亡くなった場合、妻と3人の息子が法定相続人になるので、基礎控除額は5400万円です。つまり、私が亡くなった時点で5400万円を超える財産がなければ、妻や息子たちに相続税はかかりません。

相続税も、きちんと申告をしていないと問題になるんですか？

はい。**基本的に個人の生前の収入額や資産額は、確定申告や源泉徴収などを通じて税務署に把握されています。**なので、相続財産の見込みと比べて「少ない」と感じられる場合、税務署は「遺産の一部がどこかに流れているのでは」と仮説を立てて、調査に乗り出すことがあります。

それは、相続した人が調査されるってことですよね。

そうなんです。たとえば「亡くなったAさんの息子のBさんにお金が流れているのでは？」と職員が勘づけば、Bさんに調査の手が及ぶことになります。

なんだか世知辛いですね。「死ぬ前に、わが子にお金を遺したい」って、人としてごく普通の心理じゃあ……

うーん、理解はできるのですが……ただ、どんな事情があろうと「**お金が動くときには税金がかかる**」というのが基本原則、動かぬルールなんです。そこに感情論が入るスキはありません。

……

相続税が嫌だからといって**生前に年間110万円を超える金銭などを贈与していたのであれば、贈与税の対象になります**。贈与税の申告や納税をしていればいいのですが、申告も

納税もなく財産を動かしていると後々問題になるでしょう。

でも、現実的にはばれないんじゃないですか。たとえば数回にわたって、自宅で札束をこっそり渡すようなスタイルだと摘発は難しいでしょう？

実はそうなんです。だからこそ相続税は「最後の砦」なんです。相続税の調査のときには、もうこれ以上故人からお金が動かないので生前のお金の流れがきっちり調べられますから。もっとも、それだけ税務署が調査をしたり追いかけたりするのは富裕層の家庭が中心なので、まったく調査に来ないというケースもあるにはあるでしょう。

「税金の相談＝税務署」とは限らない
——国税と地方税の違い

ちなみに、「税務署が相続税を調査」と言いましたが、それは**相続税が国税**だから。税金には「**国税**」と「**地方税**」の2種類があって、国税の管轄は税務署、地方税は市役所や県税

事務所などが管轄です。この2つの違いもぜひおさえてほしいところです。

地方税にはどういうものがあるんですか？　住民税はさっき教えてもらいましたが。

身近なものだと、「**住民税**」や「**固定資産税**」がありますね。固定資産税は、土地や家などの固定資産を持っているとそれだけで毎年かかる税金です。**梅田さんが自宅を買えば、市役所もしくは区役所などから毎年、「固定資産税を納めてください」という通知が届きます。**

「税金の問題は、税務署に行けばなんとかなる」と思っていたけど、それぞれの税金によって管轄が違うということは相談に行く場所も違うんですね。

梅田さんは都内在住ですよね。でしたら、もし固定資産税のことで相談があるなら「**都税事務所**」ですね。都税事務所を訪ねて、固定資産税の担当窓口に行ってみるといいでしょう。

ちなみに都税事務所や市役所で扱われる地方税って、ほかにどんなものがあるんですか？

自動車税や軽自動車税といった**「車関係の税金」**は代表的な地方税です。税金の種類は様々で、窓口も違うので混乱しそうですが、税金に関しては管轄する役所の部署から通知が来るものです。その通知をしっかり確認すれば、どこが問い合わせ窓口か把握できるので、通知を保管しておけば慌てることはないでしょう。

「宝くじ」は課税されない

なんだか話を聞いていると、何にでも税金がかかっている気がしてきました。働いて給料をもらっても、副業をしても、親から遺産を受け継いでも、家を買って持っているだけでも税金はかかるんですね……例外ってないんですか？

意外なところだと、**宝くじの賞金が「非課税」**です。つまり、宝くじに当選して賞金を受け取っても、税金はまったくかかりません。ただし、宝くじの賞金以外の稼ぎには、税金がかかることが多いですね。たとえば、先ほど株で利益が発生してもNISAで非課税になると話しましたが、あれはあくまでも特例措置。NISAを使わなければ、株で利益が

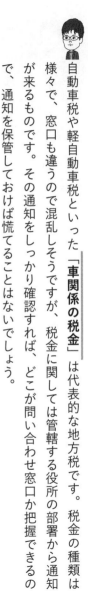

出たら、その利益の一部はやっぱり税金としてもっていかれます。

株で利益を出すと何税がかかるんですか？

所得税と住民税ですね。株に投資をすると、売買で利益を得る場合もあれば配当金を得る場合もありますよね。前述のとおり、**こうした利益に対して一律で「20・315％」の税金がかかります。**内訳は、「復興特別税を含む所得税」の15・315％＋住民税5％。

20％って結構高いですね……。その税金は、いつ・どうやって払うんですか？

基本的には、あらかじめ証券会社で「**特定口座**（**源泉徴収あり**）」という口座を開いてそこで取引をすれば、税金を源泉徴収してもらうことができます。この場合、確定申告を省略しても問題ありません。

「支払い者が義務者」の原則がここでも働くわけですね。

変わった税金

ちなみに税金の種類って何種類くらいあるものなんでしょうか？

日本の場合、次の表のとおり**約50種類**ほどあります。

全然、見たこともない名前があります。「**ゴルフ場利用税**」とか「**入湯税**」とか。

いずれも、利用者に随時かかる税金ですね。入湯税とは、温泉に入るときの税金です。

「**とん税**」って何……？　豚を飼育する人にかかる税金？

「とん」は重さの単位「トン（t）」に由来します。外国貿易船が入港するとき、その船の純トン数に応じて課せられる税金のことです。

税金の種類

	国税	地方税
所得課税	所得税 法人税 地方法人税 地方法人特別税 特別法人事業税 森林環境税（令和６年度～） 復興特別所得税	住民税 事業税
資産課税等	相続税・贈与税 登録免許税 印紙税	不動産取得税 固定資産税 特別土地保有税 法定外普通税 事業所税 都市計画税 水利地益税 共同施設税 宅地開発税 国民健康保険税 法定外目的税
消費課税	消費税 酒税 たばこ税 たばこ特別税 揮発油税 地方揮発油税 石油ガス税 航空機燃料税 石油石炭税 電源開発促進税 自動車重量税 国際観光旅客税 関税 とん税 特別とん税	地方消費税 地方たばこ税 ゴルフ場利用税 軽油引取税 自動車税 （環境性能割・種別割） 軽自動車税 （環境性能割・種別割） 鉱区税 狩猟税 鉱産税 入湯税

財務省「国税・地方税の税目・内訳」を基に作成

見えないところで色々な税が徴収されているわけですね。「何をやっても税金がかかる」という仕組みが、なんだか見えてくるような表です。

そうですね。でも税金って時代を経るごとに姿形を変えているので、結構おもしろいですよ。たとえば、昔はペットにも税金がかかったんですよ。犬の場合、１９８２年まで「犬税」が存在していました。犬種によって税率に差を設けた県もあり、地域性が反映されていたようです。１８７９年までは「ウサギ税」なるものもあったそうです。

そういえば、江戸時代は「年貢」という形で米を納めていましたよね。世の中の暮らしの実態と経済状況を結びつけたものが「税」といえそうですね！

（急に前向き……）そ、そうですね！　昨今は、経済活動が国を超えて行われるようになり、人の移動も増えているので、国際的な税のルールを設けようという動きも出ています。**人類の暮らしが変化すれば、それに応じて税のルールが変化していく**。これは終わりのない繰り返しなんですよ。これから数十年後、私や梅田さんが思いつかないような新しい税金が生まれているかもしれませんね。

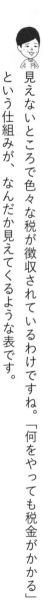

COLUMN

お金を使うことが「税金対策」になるカラクリ

会社というのは、「利益」を出すほど税負担が増えます。ですから経営サイドは、利益が大きく出始めると**「節税対策」**を考えるようになります。そして、**節税法のひとつが「利益」をなるべく小さくすること**。なぜなら、会社が支払うべき税金は「**利益×□□%**」という税率で決められているからです。

では、どうやって利益を小さくすればよいのでしょうか。**「経費」を増やせばよい**のです。そもそも**利益とは「売上（収入）－必要経費（支出）」**です。けれども「売上」はコントロールが難しいもの。一方、**「必要経費」を増やせば、利益は自《おの》ずと小さくなります**。

ここでいう**必要経費とは、商品の仕入れ代金など、売上を得るためにかかった費用を指します**。このほか、事務所の家賃やホームページのサーバー費用など、**ビジネスを続けるうえで必要な費用も経費に含まれます**。また、社員教育費として様々な研修に参加させるのも、経費として認められることがあります。こうした必要経費が増えれば、その分税金は少なくなるので、節税効果を得ることができます。考え方は「年末調整」のときの個人の話と似ていますね。

ただし、節税目的だけで経費を増やすことはすすめられません。経費を支出するのであれば、利益を増やせるような〝本当に必要な支出〟に絞るのが真っ当ですし、**必要な支出のつもりでお金を使っても税務署から認められない可能性もあります**。たとえば、「個人事業主の健康診断費用」。身体が資本と言われますが、事業と直接関係しないので必要経費になりません。ただし、会社負担で社長と従業員が健康診断を受けた場合は福利厚生費として経費扱いとなるなど、何が「事業に関係する費用」となるかは、個人か法人かによっても異なります。

4章

銀行に行っても「下ろす」しかできません

銀行にまつわる話

すみません、小林さん。前に日銀の話が出たときにも思ったのですが、銀行っていくつか種類がありますよね？

えっ？　ええ、はい。

メガバンクと地方銀行の違いはなんとなくわかるんですが、「**信託銀行**」とか「**信用金庫**」とかがよくわかりません。ゆうちょ銀行も、「郵便局？　銀行？　どっち？」といまいち自分の中ではっきりせず……。けど、その違いを知識として知っておいたほうがいい気はしてるんです……

なるほど。たしかに、「○○信金」とか、歩いているとたまに見かけますよね。

そうなんです、そうなんです！　別に利用しているわけでもないのですが、各銀行の違いはわかっておきたいです。

生活で使ううえでは大きな違いはないのですが、「**ゆうちょ銀行**」は使う可能性が高く、

いわゆる普通の銀行とは違う点も多いので、まずはそこから説明しましょうか。

お願いします！

「ゆうちょ銀行」は他の銀行とどこが違う？

ゆうちょ銀行の店舗数とATMの数の多さは、他の金融機関に比べて群を抜いています。そもそもゆうちょ銀行は、2007年に国営事業だった郵政事業の「郵便貯金」を引き継いで発足した民間の銀行です。全国に約3万台ものATMがあり、その貯金残高は約180兆円。**メガバンクのひとつ、三菱UFJ銀行の預金残高約180兆円と並び、国内最大クラスの貯金残高を誇ります**（※2019年3月現在）。

それだけたくさんの人が使っているということですね。店舗数トップは知らなかった……

ただ、気をつけなくてはならないこともあります。実は、**ゆうちょ銀行の「通常貯金」「定**

額・定期貯金」に預けられる金額には上限があるんですよ。**もし上限を超えると、超えた金額は金利のつかない「振替口座」で管理される**ことになります。

貯金？　預金じゃないんですか？　貯金というと、貯金箱のイメージがあります。

ゆうちょ銀行の場合、一般的な預金のことを「貯金」と言い習わします。民営化される前からの呼び名を変えずに、そのまま使っているんです。

そうなんですね。では、どうして上限があるんですか？　銀行って、できるだけたくさんお金を集めたいんじゃないんですか？

その通りです。ただ、ゆうちょ銀行のルーツは国営事業だったことから、信用力が他の民間の銀行よりも高いんですよ。だから、同じルールで競争するとゆうちょ銀行にばかりお金が集まって、他の銀行のお金を吸い上げることになってしまう。そこで、ゆうちょ銀行の場合、各貯金それぞれ**「1300万円」という限度を設けている**のです。

たしかに、他の銀行からすると上限がないと不公平に思うかも。では、利用者の立場で見たとき、他に銀行との違いはありますか？

ゆうちょ銀行の取引は、**あくまで個人が対象なので、他の銀行のように会社としてお金を借りることはできません。**会社名義でも口座を作ってお金を預けることはできますが、上限額は個人と同じく1300万円なので、法人向きではありませんね。

「信託銀行」ってなんですか？

ゆうちょ銀行ほどではないのですが、小林さんがさっき言ったみたいにたまに「信託銀行」や「信用金庫」「信用組合」とか街で見かけるたびに、ちょっと憂鬱になるんです。銀行っぽいことはわかるんですが、普通の銀行とは同じではなさそう……**けど具体的に何が違うかがわからない。**大人なのに知らないのはやばい気がして……

たしかに、一般の銀行とは少し業態が違ったりしますね。けれど、みんな口にしないだけで、その違いがよくわからない人も多いと思いますよ。落ち込む必要はありません。今わかればいいだけの話ですし。

じゃあ、まず「信託銀行」から教えてください！ これは銀行の頭に「信託」とついているので、前に教えてもらった「投資信託商品を取り扱う銀行」という理解でいいですか？

いいところは突いています。より正確に言えば、**信託銀行とはずばり「信託業務」を執り行う銀行**です。

……それって投資信託とは違うんですか？

重なる部分はありますが、それだけじゃないんです。**「信託業務」とは、お客さんから預かった財産を管理・運営し、手数料をもらうビジネスのこと**。こうした業務は金融庁から認められた金融機関しか行えません。**いわゆる普通銀行のなかでも「信託業務」を行う許可をもらっている銀行があり、それが「信託銀行」**です。ただし、信託銀行のすべてが「△信託銀行」という看板を掲げるわけではありません。りそな銀行や一部の地方銀行は信

託銀行とは名乗っていませんが、許可をもらって信託業務を行っています。

自分の財産を預けてそれを運用して利益を出してもらう、まさに「信じて託す」銀行が信託銀行なんですね。

その通り！　信託銀行の最大の特徴は、顧客の財産を預かってくれる点にあります。株や投資信託のほか、不動産も預かってくれますし、遺言の管理もサービスとして行われています。将来の相続に向けて準備をしておきたいのであれば、信託銀行のサービスは役立つでしょう。

「信用金庫」と「信用組合」ってなんですか？

次に、「信用金庫」「信用組合」について教えてください。これは、名前からはちょっと想像がつきません……

信用金庫と信用組合は、まずはざっくり**銀行ではないけれどもそれとほぼ同じ業務を行う金融機関**と思ってください。違いは、**会員や組合員から集めた出資金を元手にして、「互いに助け合うこと」を目指した非営利の金融機関**ということ。運営の方針となる「根拠法」すなわち法律がそれぞれに存在しており、**「どんな人が利用できるか」「どれくらいの額の取引ができるか」などが定められています。**

銀行と似ているけれど、法律によって境界線が決められていて利益を求めない、というわけですね。僕も利用できるのでしょうか？

はい。全国各地にある信用金庫や信用組合は、それぞれに営業エリアが決まっています。ですから、**梅田さんが利用するのなら、梅田さんがお住まいの地域を営業エリアとする信用金庫や信用組合を使うことになります。**

銀行よりも狭い、地域が限定されているイメージですね。

そうですね。地元の企業を支援するなど、「活性化を促す小型銀行」という特徴を強く持っています。なので、**地域に根ざした商売をしている個人事業主や企業は、信用金庫や信用組合を利用することが多い**ようです。大手の銀行だと、融資、すなわちお金の貸し付けに応じてくれないことも多々あるので。

では、「信用金庫」と「信用組合」の違いはどこにあるんですか？

両者の違いはずばり「**規模**」ですね。**信用組合は、信用金庫よりさらに地域性が強く、小規模な企業をターゲットにしている**と考えてください。とりあえずは、「信用組合＝信用金庫よりも規模がより小さな金融機関」というイメージでいいのではないでしょうか。

うーん……銀行と信用金庫、それに信用組合の違いをひとことで言うと？

銀行は「株式会社」であり、株主の利益が優先されます。主な取引先は大企業です。一方、信用金庫は、地域の人々が利用者や会員となり、互いにエリアの発展を願って助け合うことを目指す金融機関。なので、主な取引先は地元の中小企業や地元の方です。預かったお金も、基本的にはその営業地域内の発展に生かされます。これは、銀行の考え方と大きく

違いますよね。信用組合は、信用金庫と同じく協同精神を持つ金融機関ですが、業務の範囲が少し異なります。たとえば「預金」。**信用金庫の場合、誰でも預金をすることができますが、信用組合は原則として組合員でなければ預金利用はできません。**より小規模で業務範囲が狭く、組合員を手厚くサポートする色合いが強いのが信用組合、といえます。

「ＪＡバンク」は農家専用銀行ではない

最後にＣＭなどでもよく見る**「ＪＡバンク」**。これって、農家さん専用の銀行ですか？

いえいえ、農家さんでなくても利用できますよ。しかも、ＪＡバンクっていかにも銀行に聞こえますが、**その正体は銀行じゃない**んです。

え？　銀行じゃない？

はい。ただし「信用事業」という名前で、銀行と同じような業務が運営されています。

そもそも「ＪＡ」とは、「農業協同組合」（農協）の英語名「Japan Agricultural Cooperatives」の頭文字をとったもの。相互に助け合う精神でつくられた組織です。運営主体は、「農林中央金庫」。ＪＡバンクの世界の〝親玉〟です。これは金融トリビアですが、**農林中央金庫の資産規模は巨大で、世界でも指折りの「機関投資家」**なんですよ。機関投資家とは、巨額の資金を投資・運用する組織のことをいいます。

世界屈指の規模というのは意外……とはいえ、農家さん以外も利用できるといっても、ＪＡバンクと一般的な会社員との関わりがいまいち見えてこないのですが。

そうですね。農家のための協同組合が運営するサービスですから、「組合員専用」「組合員向け」の優遇が充実しているのは否めません。とはいえ、**一般の人は「組合員」にはなれませんが、「農協の准組合員」として出資金を払って口座を作れば、組合員と同様またはそれに近いサービスを受けられます。**

じゃあ、農家とはまったく無関係の僕がＪＡバンクに口座を作ったら、いったいどんなメリットが？

店舗やATMの数が多い点は便利でしょう。たとえば**JAバンク専用のATM数は全国で約1万2000台と日本最大級で、ゆうちょ銀行に次ぐ規模**です。もちろん、コンビニなどの他行の多くのATMとも提携しています。また、**比較的高金利の定期貯金のキャンペーンが行われることもある**ので、そういったことをうまく利用できれば一般の銀行以上のリターンが期待できるかもしれませんね。

「ネット銀行」の金利は大手の2倍

もっと梅田さんに身近な「**ネットバンク**」についても触れておきましょうか。銀行という業界の中でも、最先端の業態です。**ネットバンクとは、「ネット銀行」のこと**で……

パソコンやスマホで預金したり、振り込みしたりできる銀行ですよね！

そ、そうですね。一応説明しておくと、ネット銀行とは**一般の銀行のような店舗を持たない「無店舗型の銀行」**です。無店舗のため、口座を新しく開設するときや振り込みなどの

取引はすべてパソコンやスマホで行い、現金を入出金するときは提携しているATMを使います。ネット銀行として有名なのは「ソニー銀行」「楽天銀行」「住信SBIネット銀行」「じぶん銀行」「ジャパンネット銀行」などです。このような無店舗型のネット銀行のメリットは、**メガバンクや地方銀行と比べて預金の金利が高い**ことと**手数料が安い**ことです。

なぜ金利が高かったり、手数料が安かったりするんですか？

ネット銀行は店舗がないので、店舗の賃料や人件費をカットできます。なので、そのカットした分を利用者に還元できるというわけです。

では実際、預金金利はどれくらい高いんですか？

大手銀行の2倍以上の預金金利を提供しているネット銀行が多いですね。

2、2倍!?　思っていた以上に金利がつくんですね。じゃあ、手数料はどれくらい安いんでしょう？

「他行宛て振込手数料」を比べてみましょう。「自分が利用する銀行とは違う銀行に振り込む」というケースです。まずはネット銀行から。**たとえばソニー銀行の場合、金額に関係なく「200円+税」です。しかも、毎月最初の1回は無料です。**じぶん銀行の場合、かかる手数料の額がその人の取引内容や預金残高によって5段階のステージに分けられています。預金残高が300万円を超えるとステージが最上位の「じぶんプラス5」になり、他行宛て振込手数料が月15回も無料になります。

一般の銀行は？

店舗のある一般的な銀行については、たとえば三菱UFJ銀行では、他の銀行に振り込む場合、3万円未満であれば275円、3万円以上であれば440円が都度かかります。同行ではインターネットサービスとして「三菱UFJダイレクト」を用意しているため、ネットで振込手続きをすれば若干手数料が下がりますが、それでも3万円未満は220円、3万円以上は330円かかります。

たしかに比べると、ネット銀行を利用するほうが振込手数料が安かったり、預金の金利が

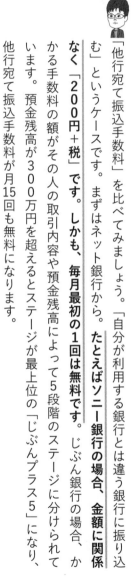

高くなったり、利用者にとっては得しやすい仕組みになっているんですね。

基本的にはそのように理解しておけば大丈夫です。ただ、**店舗を持つ銀行も、手数料を割り引く仕組みを用意していることがあります**よ。先ほどの三菱ＵＦＪ銀行も、「三菱ＵＦＪダイレクト」の契約・登録のうえ、一定のクレジットカードの引き落とし口座にしたりすることで、他行宛の振込手数料を月3回まで無料にする「スーパー普通預金（メインバンク　プラス）」というサービスを用意しています。気になる人は「（自分が使っている）銀行名　手数料　無料」で検索してみてください。

銀行で「できること」ってなんですか？

すみません、ものすごくそもそものことを伺ってもいいですか？

な、何でしょう？

僕、銀行で何ができるのか本当はあまりよくわかっていなくて……。お金を預ける、もしくは引き出すくらいしかやったことないんです。けれど、窓口の数からしてほかにも色々できますよね？　実際、銀行の中を見渡しても、何ができるかはよくわかりませんが、できることが多々あることだけはひしひしと伝わってきます。

まあ、普段利用するのって梅田さんが今言った2つですからね。ざっくり大きくくくると、**①振り込み　②預け入れ　③引き出し　④支払い　⑤借り入れ**の5つが銀行でできることです。まず「**①振り込み**」は、他の口座にお金を入れること。ちなみに、自分の名義の口座にお金を入れることは、「振り込み」ではなく「**②預け入れ**」といいます。

振り込みと預け入れのボタンをＡＴＭで見たとき、どちらも「入金する」という意味に読めて、頭の中でごっちゃになったことがあります……

「**振り込み＝他人に入金**」「**預け入れ＝自分に入金**」と覚えておけばよいでしょう。ただし、同じ銀行の同一支店内の口座間でお金を移動させることは「**振り替え**」といいます。たとえば、普通預金の口座から定期預金の口座などにお金を移す場合です。

「口座振替」とは違うんですか？

口座振替は、事前に手続きをしておけば**普通預金の口座から公共料金やクレジットカードなどの支払いを自動的に引き落としてくれるサービスのこと**です。ややこしいですが、振り替えとは意味するところが違いますね。

（や、ややこしい……）

次に「**③引き出し**」は、自分の口座に預けた分からお金を引き出すこと。「**④支払い**」も簡単ですね。税金を納めたり、各種公共料金、ＮＨＫの放送受信料などを支払ったりすることで、納付書を持っていけばその都度窓口で支払うことができます。実際には、あらかじめ手続きのうえ、毎月「自動引き落とし」、つまり口座振替にしているスタイルが一般的ではありますが。

引き出しと支払いは、字面から想像がつきます。

では、最後に「**⑤借り入れ**」。これは、経営者が事業資金を借りたり、一般の人が家を買うときにローンを組んだりすることです。**つまり、借金**です。以上が銀行でできることの基本編です。

その口ぶりだと基本以外もありそうに聞こえますが……

はい。銀行では「**金融商品を買うこと**」だってできるんです。たとえば、窓口では「生命保険」などの保険商品を買うことができます。つまり、生命保険に加入することができるんです。昔は買えませんでしたが、2007年から全面的に解禁されました。また銀行では、**「国債」や「投資信託」など資産を増やすことを目的とした金融商品を買うこともできます。**

保険、国債、投資信託……これまで教えてもらったものを銀行で購入することができるということですね。

はい！

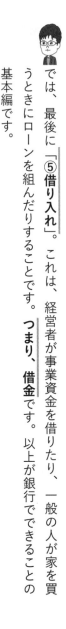

ＡＴＭの「振込」と「預入」の違い

今の説明で銀行でできることはざっくり理解できてきましたが、今、実際に銀行に行くことって滅多にない気がします。お金を引き出したり、振り込んだりする作業はほぼ**「ATM」**経由。で、ＡＴＭのタッチパネルの画面に出てくる言葉も、よくわからないものがあって……。それが目に入るたびに無知を自覚させられ、ちょっとした焦りも感じるので、ぜひこの機会に解消しておきたいです。

一気にやってしまいましょう！

実はその昔、ＡＴＭの「お預入れ」を「およいれ」って読んでいた苦い記憶があります……。しかも、「お振込み」とごっちゃになっていたので、わけがわかりませんでした。

（よっぽど苦い記憶なんだな……）たしかにわかりづらいですよね。これは先ほど説明したとおり、**「お預入れ」とは自分の口座にお金を入れること**を指します。一方、**「お振込み」**

は、他人や他銀行の口座にお金を入れること。預け入れには「入る」という言葉が入っているので、「自分のところに入るイメージ」で覚えておくといいかもしれません。

自分の所に入るから「お預入れ」。それなら覚えやすいですね。

他は大丈夫ですか？

「**送金**」ってボタンも見た記憶があります。「お金を誰かに送ること？　振り込みとどう違うの？」って心の中でツッコんだ覚えがあります。

ああ、それはゆうちょ銀行のＡＴＭで見かけたボタンじゃないでしょうか。**ゆうちょ銀行では「振り込み」のことを「送金」と言い習わしています。**他の銀行と微妙に言い方が違うから、たしかに混乱しますね。

もう、銀行業界の中で統一してほしい……。あと「**繰越**」も見たことがあって意味がよくわからないボタンです。僕はそのボタンのことを「借金した人が、お金を返す期日を延ば

したいときに押すボタン」だと勝手にイメージしていたんですが……合ってますか？

銀行のＡＴＭに書かれている「繰越」というのは、返済日を繰り越すことではなく、**通帳についての繰り越し**、すなわち**「通帳繰り越し」**のはずです。

通帳繰り越し？　通帳を新しくするやつですか？

そうです！　通帳って、そのとき記帳しているものを使い終えると、新しい通帳に切り替える必要があります。その作業を「繰り越し」と表現するんです。要は**明細欄がいっぱいになった通帳を入れてそのボタンを押すと、新しい通帳が発行される仕組み**です。今はインターネットでも口座の入出金は確認できますが、昔は通帳記帳をしないとお金の出入りを把握できなかったので、結構使われていた機能ですね。

「カードローン」ってなんですか？

あ、ＡＴＭの表現に関して、私からもいいですか？

はい、何ですか？

身を滅ぼさないためにもその意味をおさえておいてほしいワードがあるので、ぜひこの機会に確認できればと思いまして。

……何ですか……？

「**借り入れ**」です。

えーっと、さっきも出てきましたよね。けど、お金を「借りる」のかそれとも「入金」するのか、言葉だけ聞くとわからなくなってきます。

先ほども説明したとおり、端的に言うと**「銀行から借金をする」**ことなので、借りて自分の口座に入れる、つまりどっちもですね。具体的には**「カードローン」**という名前になります。聞いたことありませんか？

ＣＭであります。「カードローンなら○○」って。

カードローンとは、金融機関が発行したカードなどを用いて、あらかじめ決められた利用限度額までいつでも必要なときにお金を引きだせる借金の仕組みです。

えっ、じゃあ僕が今手持ちの銀行のカードをコンビニのＡＴＭに入れて「借入」を押して、画面の表示通りに入力していったら１００万円とかすぐ借りられちゃうんですか？

いえ、一応このシステムには安全弁があって、**事前にその銀行とカードローンの契約を結んでおかなければなりません。**それに、借りられるお金には限度額があるケースがほとんどです。もちろん、借りた場合は借金なので金利を上乗せして返す必要がある点にはご注意を。

カードローンの金利って、どれくらいするんですか……？

たとえばみずほ銀行の場合、「利用限度額が10万円以上100万円未満」の場合は1年間でつく金利が14％。利用限度額が「100万円以上200万円未満」の場合は金利12％。つまり**限度額が上がるにつれ、金利は反比例して安くなる**んです。

1年間で10％以上も上乗せして返す……これ、返済額はトータルで高くなりますよね。それに「借り入れ」って、言葉の印象からカジュアルに「借りちゃおっかな」って思ってしまいそうで怖い。

たしかに、借金という言葉の重たさはどこか和らいでいますよね。金利の設定からも、たくさん借りてほしいという意図が読み取れます。昔の「借り入れ」って、銀行の窓口に現金を取りに行って……というアナログなやり取りでした。でも近年は、ウェブで申し込むだけで手続きは完結するし、お金の受け渡しもATM経由。つまり、**まったく人が介在しないので、借りる感が希薄になる**かもしれません。

A銀行のキャッシュカードは「B銀行のATM」で使える?

僕はとりあえず「借入」は見ないし、見ても押さないようにします……。ATMとのつきあい方がなんとなく見えてきたような気がするのですが、まだよくわからないのがキャッシュカード。**どこまで〝通用〟するかが、謎なんです。**

通用、というと……?

キャッシュカードって、発行してもらった銀行とは異なる銀行のATMでも使えるものなんですか? つまり、**A銀行のキャッシュカードはB銀行のATMで使えますか?** 僕、それはできないものと決め込んでいて、出先で現金が必要になったとき、キャッシュカードの銀行のATMを探しているのですが、見つからないことも多くて……コンビニだと手数料が高くつくイメージもありますし。

それはつまり、「A銀行のキャッシュカードをB銀行のATMに入れ、A銀行の口座からお金を入出金する」ということですよね。

はい。

結論から言うと、**できます**。コンビニのATMでもたいていの銀行のカードが使えるようになっているように、ほかの銀行のATMであっても使えるケースが多いです。ATMのネットワーク化が進んでいますから。ただし、手数料面で考えると、やはり**キャッシュカードと同じ銀行のATMを使ったほうが安上がり**です。

そういえば、ATMの手数料ってかかったりかからなかったりすると思うんですが、どのような決まりになっているんですか？

「ATM手数料」の傾向
——月4回利用で年間1万円近くかかることも

A銀行のキャッシュカードでA銀行のATMを利用するケースでも、**「預け入れ」「引き出し」「振り込み」それぞれに手数料がつくことが多い**です。預け入れや引き出しの場合、基本的に110〜220円の手数料がかかりますが、平日の日中など、時間帯によって無料になる場合もあるので、利用するならこの時間帯を狙いたいですね。

平日は終日無料じゃないんですね……

夜は手数料がかかる銀行が多いと思いますよ。

じゃあ、利用者目線で言うと、ATMから引き出す回数はできるだけ少ないほうがいいということ？　僕、財布に現金があると使ってしまいそうで怖いので、3千円ずつ引き出していたことがあるんです。

時間外に引き出したとしたら、手数料がけっこうかさみますね。3千円引き出すと100円前後の手数料が出ていきますから……。**1年間の100万円の普通預金の金利約10円なんて、一瞬で吹っ飛ぶことになりますね。**

「もったいない」というのは理屈ではわかります。でも、「3千円を引き出す」とATMで操作すると、千円札が3枚出てくるだけなので「手数料を払った」という実感が湧きにくいんです。

せめて「**手数料の高い土日は引き出さない**」というルールを決めるのはどうでしょう？ そして、できるだけ**平日の日中に利用すること**。平日の日中とは、銀行ごとに微妙に異なりますが「朝9時〜夕方18時」などと機械やホームページ上に明示されています。要は**銀行そのものの営業時間で、銀行の人が働いている時間**というイメージです。「平日の明るいうち」くらいにおさえておけばいいのではないでしょうか？

それならわかりやすいですね。ちなみに、「日本人が1年間に支払う平均ATM利用料」ってどれくらいなのか、わかったりするものでしょうか？ 自分がどれくらい損していた

のか、自戒の念を込めて知っておきたく……

そういう統計があれば面白いんですが、残念ながら見当たりません。ただ、預金を引き出すときに取られる手数料はたいてい1回110円または220円なので、たとえば毎月4回ATMを手数料が無料でない時間帯で使うとすると、**年間で5280円～1万5600円**というところでしょう。

家族で外食1回分くらいいきますね。「ATMと関わる回数が多いと、手数料が飛んでいきやすいから損しやすい」と覚えておきます。もし使うなら、平日の日中に……。でも、サラリーマンの僕は平日の日中に引き出すのは少し大変です。他に何か節約するポイントはありますか？

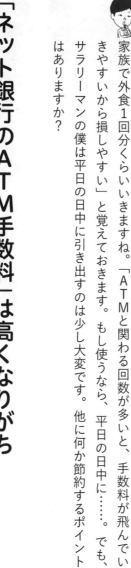

「ネット銀行のATM手数料」は高くなりがち

銀行によっては一定の取引条件を満たしたとき、ATMの利用料が無料になることがあります。口座を開く銀行で迷ったら、インターネットで「○○（その銀行の名前）手数料無料」といった検索をすれば、参考になる情報を得られるでしょう。

条件には、たとえばどんなものがあるんですか？

みずほ銀行の場合、「みずほマイレージクラブ」というサービスに入会すると、取引状況に応じてみずほ銀行とイオン銀行のＡＴＭの時間外手数料が無料になります。また、コンビニＡＴＭ「イーネット」の利用手数料１１０円と時間外手数料２２０円が、取引状況に応じて月１～３回まで無料になる特典もあります。ただし、指定のクレジットカードの利用が必要などのコストが発生するので、どうしても手数料が嫌なら、平日の昼間、時間があるときに出し入れするのがやはりおすすめです。

ＡＴＭの利用料も、ネット銀行のほうが安くなるものなんですか？

それはなんとも言えません。というのも、**ネット銀行は店舗を持っていないので、専用のＡＴＭがないから**です。なので、どうしても他の銀行やコンビニのＡＴＭを使うことにな

り、手数料が高くなることが少なくありません。

なるほど。

たとえば楽天銀行の場合、利用するＡＴＭによって、一回預金を下ろすたびに２２０円もしくは２７５円かかります。ただ、預金残高などによって会員ステージが上がる仕組みになっていて、ステージが高ければ最大月７回までＡＴＭの利用手数料を無料にすることができます。何にせよ、ＡＴＭをよく使う人は、利用手数料の仕組みをきちんと理解して、できるだけ無料で使えるように心がけることです。先ほど言ったとおり、**手数料って１年単位で見ると結構かさみます**ので。

「振り込みの手数料」は引き出し以上

引き出す際の手数料についてはわかりました。では、「振り込み」の手数料についても教えてください！

はい、振り込み時は手数料が発生することがほとんどで、**振り込みする相手がどこの銀行かによって金額は違ってきます**。そして**振り込みの手数料は、引き出しよりも高く設定されています**。時間帯や土日祝日などによっては「**440円**」以上かかることもあるんですよ。

やっぱり、同じ銀行同士で振り込んだほうが安いんですか？

そうですね。銀行のホームページに振込手数料の一覧が出ているはずですが、基本的に「当行宛」と「他行宛」に分かれているはずです。当然ながら、**他行宛のほうが高く設定されています**。ですから、原則として「**自分から遠くなればなるほど、手数料が増える**」と覚えておけばよいでしょう。

それは覚えやすいですね！　ＡＴＭとキャッシュカードが同じ銀行で、しかも同じ銀行に振り込むなら、近いから手数料がかかりにくい。

そのとおりです。たとえばその条件で自分と同じ銀行の同じ支店に振り込む場合、基本的に手数料は無料です。逆に、違う支店や違う銀行にサービスを頼むと、「自分から遠く」

なるので手数料がかかって当然と認識しておいてください。

わかりました！

預金の種類――「普通」「定期」「当座」

あと、銀行といえばやっぱりどうしても「預金」をイメージするんですが、普通預金と定期預金ってありますよね。定期預金についてはすでに教えていただいたんですが、ほかにも「○○預金」ってありますか？

預金には3つあって、それぞれ**「普通預金」「定期預金」「当座預金」**です。**銀行に、個人が新しく口座を作るときは「普通預金」**です。**「定期預金」**もおさらいしておきましょう。**こちらは、最初に「○年間（もしくは○か月間）」という期限つきで銀行にお金を預ける「商品」**のこと。思い立ったときにお金を入出金できる普通預金とは異なりますが、若干金利が上乗せされています。

では「**当座預金**」はどんな預金なんですか？

当座預金とは、企業や個人事業主が商取引のために開設する口座です。当座預金の場合、口座にお金を預けていても金利はつきません。ＡＴＭを使って入出金することもできず窓口に行かなくてはいけないので、一般の人にとっては使い勝手は良くないでしょう。

なぜ、そんな使いにくい預金があるんですか？　メリットなさそうですが……

いえいえ、そんなことないですよ。まずは、**引き出し限度額がない**という点。普通預金の場合、キャッシュカードで引き出すときは個人なら１日に１００万円までと制限されていて、限度額を上げるには別途手続きが必要になりますが、当座預金ならいくらでも下ろすことができます。突然大きな取引があったときにも対応できるのは企業にとっては利点です。あとは、「**当座借越**《とうざかりこし》」が使えることも特徴です。

なんですか、それ？

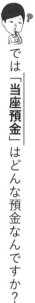

「総合口座」とは

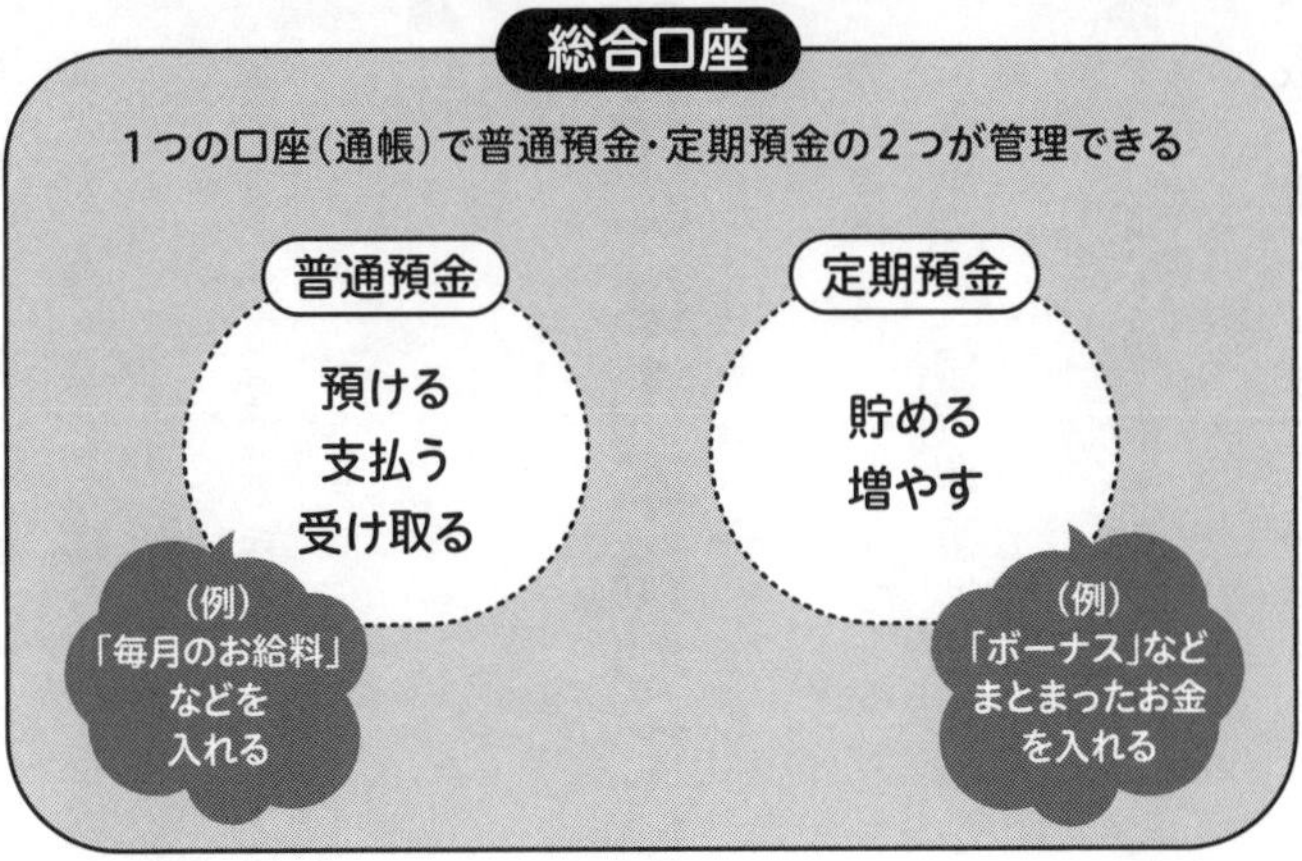

これは、**あらかじめ銀行と「当座借越契約」をしておけば、預金を引き出すときに残高不足であっても、契約をした限度内であればお金を引き出すことができるシステム**のことです。この不足分は、借入金として扱われるんですが、これも商売をする人には便利ですよね。

なるほど、完全に企業向けなんですね。そういえば僕の預金通帳は「総合口座」って書かれていた気がするんですけど、これは普通預金でも定期預金でもないってことですか？

いえいえ。**総合口座というのは、普通預金と定期預金を一度に管理できる便利な口座**のことです。たとえば梅田さんが普通預金口座を

もっていて、新たに定期預金を貯めようとしたとき、わざわざ新しい口座を開設する必要はなく、もともとの総合口座の中で定期預金を貯められるというわけです。

全部まとめて管理できるから「総合」なんですね。

はい。

「銀行印」は1本持っていればいい

あ、通帳といえば、1つお聞きしたいことが。僕、結構モノをなくすタイプで、そこで気になるのが「**銀行印**」なんです。

え……銀行印に何か問題でも？

銀行印って、すごく大事なものっぽいじゃないですか。だから、銀行印って銀行ごとに変

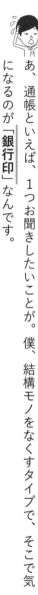

える必要があるんですか？　子どもが生まれたりして新たに口座を作る機会がこれから増えそうなんですが、ハンコもそれに比例して増えるとなくしそうだし、どれがどの銀行のハンコだったかわからなくなりそうで不安なんです。

結論から言うと、**銀行印を銀行ごとに変える必要はありません。複数の銀行の銀行印を、全部1本に集約してもいい**くらいです。

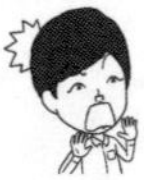

えっ、そうなんですか？

梅田さんが言ったのは、銀行印にまつわる「あるある勘違い」ですね。銀行印は1本あれば、それを使い回してOK。ただし、1本だったとしてもそんなによく使うものじゃなく紛失しやすいのも事実なので、保管場所を決めるのがベターではありますが。

ちなみに、銀行印をなくすとどんなときに困るんですか？

銀行印と通帳、この2つを銀行の窓口に持っていけば、本人以外でも銀行の預金口座から

お金が下ろせてしまうんですよ。だから**銀行印と通帳をセットで落とすと、非常に危ない**。また、銀行印は住所変更など様々な手続きの際にその都度必要になりますから、なくしてしまうと不便です。

通帳と印鑑を一緒に保管している人は多そうなので、注意したほうがいいですね。

銀行印を紛失したと気づいたとき。家中探しても出てこなかったら、銀行の窓口や銀行の紛失専門の番号にすぐ電話しましょう。とにかく一刻も早く「銀行印をなくした」という事実を銀行に伝えることが大事です。銀行に報告すれば、なくした銀行印を使っての取引ができなくなり、口座のお金を他人に引き出されるリスクはなくなるので。

じゃあ、銀行印をなくした口座はもう使えなくなるんですか？

いえ、**改めて印鑑を登録すれば再び使うことができます**。銀行に「銀行印をなくした」と伝えたあとは、印鑑登録のための書類が送られてくるのを待ちます。それに記入をして銀行の窓口に出かけ、印鑑登録の手続きを完了する、という流れです。

なくさないことが大前提ですが、なくしても焦らずまずは銀行に連絡する。なくした後にすべきことがわかって安心しました。

あ、あと銀行印は基本的に印面がゴム製のものは認められません。硬い素材で彫られたハンコを使う、と覚えておいてください。

「フィンテック」ってなんですか？

ここまで銀行の仕組みを説明してきましたが、梅田さんが言ったようにこれからは銀行を訪ねて銀行員とやり取りする場面が少なくなっていくかもしれません。梅田さんは、「**フィンテック**」という言葉を聞いたことがありますか？

聞いたことはありますけど、よくわかりません！

（潔い……）フィンテックとは、金融（Finance）と技術（Technology）を組み合わせた造語で、要は**ＩＴを活用した金融サービス**のこと。テクノロジーの進化にともなって近年急速に広まっています。

うーん……フィンテックによって、具体的にどんなことができるんでしょう？

代表的なのはスマートフォンを使って送金したり、お金を借りたりといったサービスです。一例として、**ＡＩを使ったローンサービス**のことをお話ししましょう。

ＡＩってもう少し先の話だと思っていたんですが、それとローンが絡んでくるんですか？

普通、ローンを借りるときには、人は銀行を利用しようと思いますよね。銀行を訪れて色々な書類を出し、銀行員の審査を受けて、必要な資金を借りる。

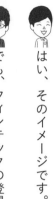

はい、そのイメージです。

でも、フィンテックの登場によって、こうした手順をすべてＡＩだけで対応できるようになるかもしれないんです。**ＡＩが書類の審査をしてくれて、人よりもずっとスピーディーに判定をしてくれる。**申し込んだ人からの問い合わせにも自動で回答してくれる。そんなことが、近い将来当たり前になると言われています。

ＳＦの世界の話みたいですね……。フィンテックもちょっと気になりますが、ローンを組んだり投資をしたりする際は、超アナログ人間の僕は窓口のある銀行のほうが安心です。

まあ、考え方は人それぞれですね。**銀行にしてもフィンテックにしても、大切なのはそれぞれの特徴を理解して自分に合った方法を選ぶこと**です。日常使いの銀行に関して言えば、ひとまずは手数料の条件を知っておけば、大きく損することはないと思いますよ。

チリも積もれば山となる……手数料とうまく付き合って、知らず知らずのうちにお金が減っていることを防いでいきたいと思います！

COLUMN

「投資」と「融資」は何が違う？

似ている言葉ですが、「投資」と「融資」は大きく異なります。融資の意味は**「お金が必要な者にお金を貸し、資金を融通すること」**。つまり、**融資＝お金を貸すこと**だとイメージしてください。

たとえば中小企業の社長さんが、事業に必要なお金を銀行から〝借り入れる〟ことは「融資をしてもらう」という表現になります。反対に、銀行が中小企業の社長さんに事業に必要なお金を〝貸す〟ことは「融資をする」という言い方になります。「銀行に融資をお願いする」という表現を、どこかで聞いたことがあるのではないでしょうか？

一方「投資」の場合、**「投資された側」は「投資された額」を返す必要が基本的にありません**。「投資した側」は、金融商品や権利を〝購入〟したことになり、その権利を売る（キャピタルゲイン）か、権利から配当などの収益を得る（インカムゲイン）ことによって投資額を回収することになります。そして「投資された側」である株式会社は、株主に対してお金を返済することはありません。つまり、**投資とは投資先の成長に伴うキャピタルゲインやインカムゲインを目的として、事業や株などに資金を投入する行為**なのです。

まとめると、融資も投資も将来のリターンを目的として行われるものですが、得られるリターンの性質に違いがあります。融資をすると、元本に加えてあらかじめ決められた金利を利益として得ることができますが、**投資の場合、将来どの程度のリターンを得られるかを正確に予測することができません**。たとえば投資をした会社が急成長をすれば大きな利益になりますが、逆に業績が悪化すれば損をする可能性があります。そのため、**融資に比べて投資のほうがハイリスク・ハイリターン**なのです。

5章

「リボ払い」はリボルバー払い？

お金を使ったり払ったりするときの話

銀行のことやお金を預けたり引き出したりすることについて色々と教えてもらいましたけど、最近は「現金」を使うこと自体が少なくなっている気がします。

「キャッシュレス化」が進んでいますからね。これもフィンテックの先駆けといえます。

電車はSuicaで乗りますし、クレジットカードを使ってインターネットで買い物をすることもよくあります。それに、最近だとキャッシュレスが加速してスマホのアプリで支払うことも流行りのようなのですが、お金に疎《うと》い僕はついていけなくて……

現金以外の支払いは今ホットな話題ですよね。では、支払う場面について順に見ていきましょうか。まずは「クレジットカード」から。

お願いします！

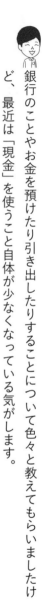

「年会費無料」なのに年会費がかかるクレジットカード

クレジットカードに関していえば、ポイントがついて現金の代わりに使えたり、空港のラウンジを無料で使えたりと色々な特典がついているので、持っておくこと自体はいいと思います。ただ、「**所有枚数を増やさない**」という考え方がおすすめです。年会費がかさみますから。

じゃあ、クレジットカードを作る場合って何を見て選べばいいんですか？　僕は1枚しか持っていないのですが、まわりには複数持っている人も多く、「えっ、1枚だけ？」と驚かれることもしばしばあります。

まあ、無理してたくさん持つ必要はないのですが、まずは「**年会費がかからないもの**」。たとえばマルイが発行している「エポスカード」のように、年会費が永年無料のカードがあるので、そういったカードを選ぶと損をすることがありません。気をつけておきたいのは、**「年会費無料」と謳われていても、一定額以上のカード利用がないと年会費が無料に**

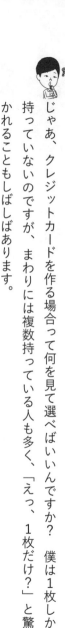

ならないカードもあることです。申し込む前にきちんと確認しましょう。

発行元の「意図」を知ろう

まずは年会費の有無と条件を確認、と。ポイントはどう考えればいいでしょう？

基本的な考えは、**自分がよく使うお店やサービスと関係するクレジットカードを選ぶ**ことです。たとえばネット上のショッピングモール「楽天市場」をよく使う人の場合、「楽天カード」がお得です。年会費が無料のコースを選んだ場合、楽天市場で使用時にポイントが最大3倍付与されます。年会費2200円のコースの場合、付与されるポイントは最大5倍です。

自分のライフスタイルとクレジットカードを結びつけるわけですね。

「定期券利用以外で電車によく乗る」かつ「ビックカメラ、コジマ、ソフマップといった家

電量販店をよく使う」という人の場合、「ビックカメラＳｕｉｃａカード」を使うとＳｕｉｃａのチャージ、つまり入金がクレジットカードから自動的に行われ、そのときにポイントが１・５％付与されます。年会費は、初年度無料。年１度の利用があれば、次年度以降の年会費、税込５２４円は無料となります。

ポイントが貯まって、そして使えば年会費がタダになるならどんどん使いたくなりますよね。

そこが注意点です。やはりカードって、発行元は「儲けよう」としているわけですから、うっかりしていると余計な出費が増えてしまいます。たとえば１０００円の買い物をして１０円分のポイントがついたとしても、そもそも１０００円が無駄遣いだったら、結局損ですからね。

た、たしかに……

なので、まずは使うカードを厳選して、使うときもその商品が本当に必要かどうか冷静に

検討しましょう。枚数については、**1、2枚**でよいのではないでしょうか。ひとつ補足すると、海外旅行によく行く人はクレジットカードを所有したほうがベターです。「**盗難・紛失保険」はじめ、旅先での急病やケガによる医療費を補償する「傷害保険」などの保険の機能がカードについている**こともありますから。もし海外で何かトラブルにあっても、クレジットカードのコールセンターに連絡をすれば、対応してもらうことができます。

別途、海外旅行保険に申し込む前に、自分が持っているクレジットカードに保険がついているかどうかをチェックしたほうがいいですね。

はい。ちなみにクレジットカードについては、無職の人、大学生や浪人生、専業主婦のように定期収入のない人は審査を通らない可能性があります。会社にお勤めの人であれば、余程のことがないかぎり審査を通りますので、独立や起業を考えている人は「**会社員であるうちにお得なクレジットカードを作っておく**」、そんな考え方もあります。

「キャッシング」は現金払い？

さらに伺いたいんですが、**「キャッシング」**ってなんですか？「クレジットカードのキャッシング機能」とかってよく見聞きするんですが、キャッシュをｉｎｇするって……。現金払い？　でも、それだとカードと矛盾するし……

あー、ひとことで言うと**「借金」**です。

えっ、また借金なの？

一般的なクレジットカードには「キャッシング」の機能、つまり借金ができる機能がついているものが多いんです。クレジットカードを申し込むと、「キャッシング枠」というものが決められます。たとえばキャッシング枠が20万円であれば、20万円まで借りられるということです。キャッシングを利用するときは、カード会社が提携しているＡＴＭにクレジットカードを差し込んで画面を操作するだけなので、簡単に現金が手に入ります。ただ

し、**キャッシングを利用すると、どこの会社のサービスにせよ金利、つまり利子がかなり高めにつきます。**

そもそも、クレジットカードを使って買い物をすることも借金ですよね。今の自分のお金ではなく、クレジットカード会社から借りたお金で支払いをするわけですから。「クレジットカードで買い物すること」と「クレジットカードでキャッシングすること」って、借金的なものという意味で似ていませんか？

そうですね。ただクレジットカードで買い物したときは、金利を取られることはありません。クレジットカードで分割払いをすると「分割手数料」は発生しますが、**通常は2回払いまでであれば分割手数料がかかりません。**一方、クレジットカードでキャッシングしたとき、それで得たお金については、ほぼ確実に、しかも高めの金利の支払いが必要になるので、両者の違いは大きいですよ。

お金を借りるという点では似ているけれど、返す額に違いが生じる……このことはわかっておかないといけないですね。でもそうすると、キャッシングを使う意味があまりないよ

うな……

使うとしたら「クレジットカード払いができない支払い」でしょうか。よくあるのが、海外旅行のときだと思います。海外では電車やバスを使うのに現金が必要なことも多いですよね。海外でキャッシングをすれば、簡単に現金が手に入ります。

え、でもそれは難しそう。

いえいえ、大した手間はかかりません。ＶＩＳＡやMastercardなど、海外でも使えるクレジットカードを持っておけば、そのカード1枚でキャッシングすることができます。海外の空港などにキャッシングのできるＡＴＭがあるので、そこにクレジットカードを入れて必要な金額を指定すれば海外の現金が出てきます。

返済は難しくないんですか？

はい。クレジットカードって、毎月1回は支払い日が設定されていますよね。海外でキャ

ッシングを利用した場合、次の支払い日になると自動的に返済されるので、手間はかかりません。ただ、何度も言うようにキャッシングは金利がかかるものなので、**海外で利用するときも最低限必要な金額にとどめておいたほうがいい**でしょう。

「リボ払い」は気前よく一気に支払うこと？

クレジットカードに関連して、よく「クレジットカードのリボ払いがお得！」というような宣伝文句も見聞きします。**「リボ払い」**ってどんな払い方なんですか？　リボルバーで弾を何発も連発するように、「一気に気前よく支払う」的な意味……？

……リボ払いとは正しく言うと**「リボルビング払い」**。梅田さんの言うとおり、「リボルバー」という言葉の元になった、回転するという意味の「リボルビング」という動詞から派生した言葉です。

ちょっと合ってた！

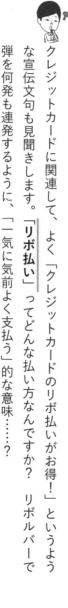

ただし、一気に払うことではありません。リボ払いとは「**月々の支払い額を、利用残高に関係なく一定に決めて支払うこと**」です。

どういうことですか？

つまり、20万円の商品を買ったとき。「リボ払いで毎月5千円払う」という契約にすると、その買い物代金の返済分については、クレジットカードから毎月5千円しか払わなくていいんです。ただし、この5千円に高い手数料が上乗せされるため、**支払う総額は割高**になります。**たとえば、20万円の商品を買って総額25万円を支払う、なんてこともあり得ます。**

「25万円－20万円」で5万円。つまり、それがリボ払いを利用したときの手数料ということですね？

そう。これは、20万円の商品を「**年間手数料率15%、毎月5千円払い**」で買った場合のシミュレーションです。買い物代金の返済分と手数料分を合計すると、ざっと25万円になります。手数料率15%は高いと思われるかもしれませんが、実際、カード会社のホームペー

ジなどには「年間手数料率は15％」などと書かれています。

すみません、年間手数料率ってなんですか？

この手数料率というのは、**実質的には金利と同じ**ととらえてください。「年間手数料率が15％」とは、「毎月の未返済分に対して年間15％、つまり1か月あたり15％÷12の金利が加算される」という意味。なので、リボ払いを使って返済期間を延ばすほど、**「毎月の固定支払い額＋残高×1か月分の金利」**を払っていくことになり、支払い総額は高くなるというわけです。

毎月毎月余計に払うことになるのはもったいないですね。なんだかリボ払いってイメージしてたのと違って怖い……

そうです。だから、高額の買い物をしたくなっても、リボ払いではなく2回程度の「分割払い」がおすすめです。**リボ払いはよほどうまく使わない限り、使う人にとっていい結果にはなりにくいでしょう。**

「自己破産」するとどうなるんですか？

リボ払いにせよ、他の払い方にせよ、クレジットカードを使いすぎると、払い切れなくなりますよね。払い切れなくなったらどうなるんですか？

起きがちなのは、使いすぎが原因で毎月の返済額が膨らみ、それを返済するためにクレジットカードでキャッシング、つまりカード会社から借金する……というケースです。

簡単に言うと、**「クレジットカードで買い物をした分を、クレジットカード会社からお金を借りて返す」**ということ？

奇妙に聞こえるかもしれませんが、トラブルとしてはよくある話です。そもそも、手元に現金がなくても、クレジットカードは限度額いっぱいまで買い物ができます。だから身の丈以上の消費ができてしまう……それがクレジットカードの魔力です。

でも、クレジットカードでキャッシングする場合も、無尽蔵に借りられるわけじゃないですよね。いずれクレジットカードの返済がまったくできなくなると、最後はどうなるんですか……？

おそらく、家族や知人からお金を借りたり、消費者金融から借金をすることになり……。消費者金融は法外な金利を取ることもあるので、借金はますます膨らんでいきます。そうしてどうにも借金を返せなくなると、**「自己破産」**でしょう。

……自己破産ってよく聞きますが、具体的にはどうなることなんですか？

これは、クレジットカードの使いすぎ以外でも起こり得ることなんですが……裁判所に認められれば、税金以外の**すべての借金の返済義務をまぬがれることができる**方法です。自己破産をすれば、家族が連帯保証人になっていない限り、取り立てが家族に向かわないなどのメリットがあります。

借金が消える、ということ？　もっとよくないイメージを持っていました。

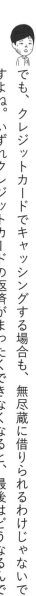

ただ、**自己破産をすると「個人信用情報機関」のブラックリストに名前が載ります**。個人信用情報機関とは、借金の有無や、クレジットカード払いや口座引き落としで延滞がないかなど〝個人のお金にまつわる情報〟を管理している組織のことです。「〇〇さんが自己破産をした」という情報は、当然個人信用情報機関に伝わります。すると、ローンなどお金にまつわる各種審査が、通らなくなる可能性が極めて高くなるんです。

ブラックリスト……実在するんですね。

はい。自己破産の手続き方法としては弁護士に依頼をすることになりますが、**債権者、すなわちお金を貸してくれた人と話し合って返済期間の延長を交渉するなど自己破産以外の方法も存在する**ことは頭の片隅に置いておいてもいいかもしれません。万一に備えて、「安易に自己破産をしないこと」、なにより「クレジットカードやリボ払いを使いすぎないこと」が大切です。

「住宅ローンを組む」とはどういうことか

ここまでの話を聞いて思いましたが、借金はやっぱり怖いですね。だんだん自分の首が回らなくなっていく……想像するとゾッとします。

そうですね。ただ、その仕組みを計画的に利用することで、メリットを生み出すことだってできます。これまでにもたびたび話に出ていますが「**住宅ローン**」はその最たる例で、マイホームだって手に入れることができます。

家はいつか買ってみたいです！　ただ、僕はまだ「ローン」というものを完全に理解できた自信がなく、間違って認識している可能性もあるので、ローンについて基本的なことを教えてください！

それでは、家を買うときの「住宅ローン」についておさらいも兼ねて説明しましょう。個人が、何千万や何億円もする住宅をポンと一括現金で払うことって難しいですよね。

「住宅ローン」の仕組み

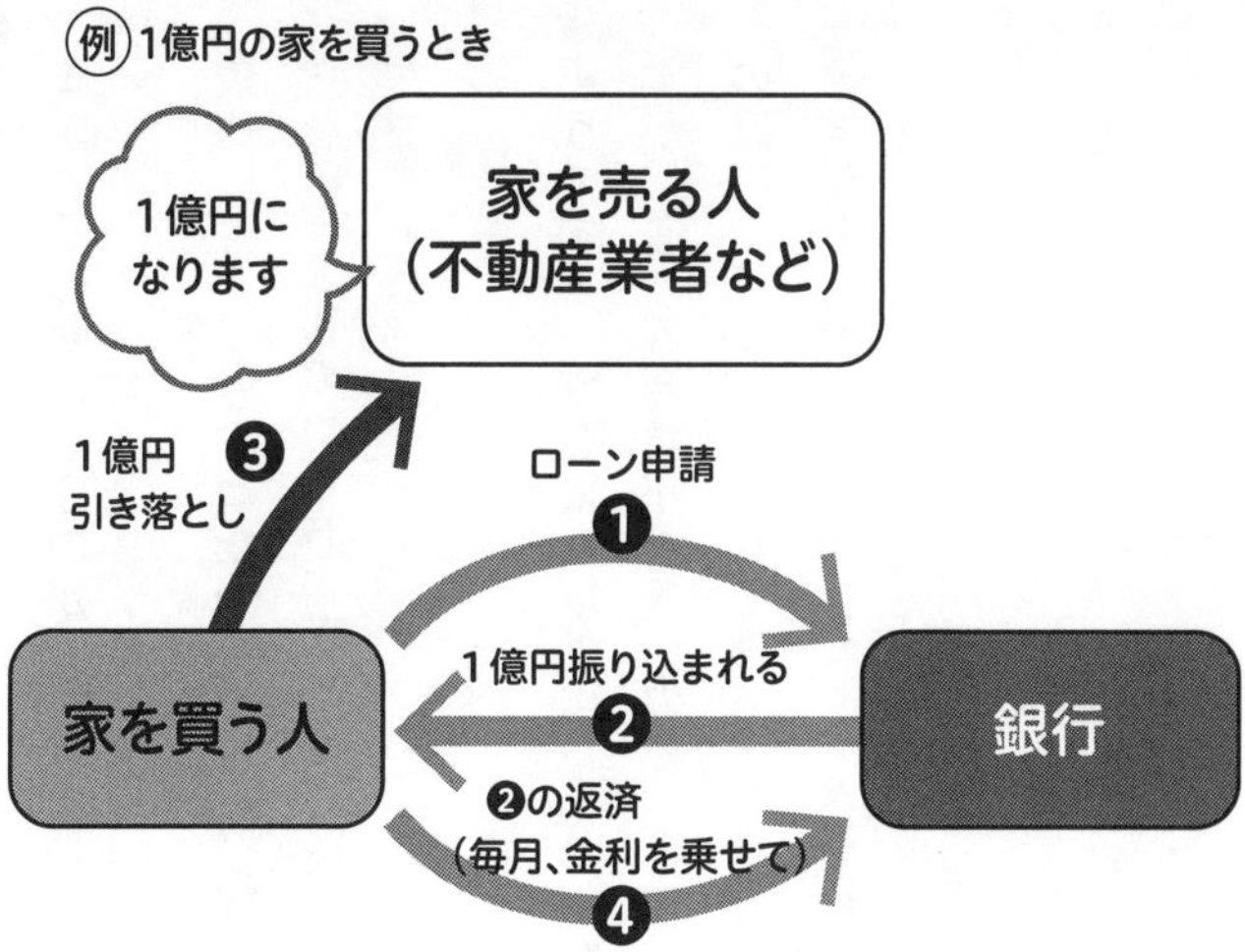

30代でできる気しないです。

だから、**銀行がその全額を肩代わりして「先に払っておくよ」という仕組みが住宅ローン**。流れとしては、住宅の購入費用の全額がいったん銀行から個人の口座に振り込まれます。それが不動産業者など「家を売る人」に引き落とされるんです。そして住宅を買うために住宅ローンを組んだ個人は、毎月決められた額を、銀行に返すことになります。

銀行が、個人の代わりに住宅代全額を肩代わりして先払いしてくれる……ということは、**銀行に借金しているのと同じ**ですよね。

その通り。住宅ローンを組んだ個人は、金利を上乗せして、銀行にお金を返すことになります。その際に選ぶのが、「固定金利」か「変動金利」かです。

最初に教えてもらったやつですね。固定金利は、最初に決めた金利が「借りている間変わらない」金利のつき方。変動金利は、「そのときどきの景気に連動する」という金利のつき方ですよね。

そうです！　家を買う以外にローンを組むとしたら、車の購入や教育費なども考えられますが、借りる金額が大きいので、金利の設定には気をつけましょう。できれば複数の銀行の窓口に行って比較してみて、一番有利な金利条件を選ぶといいと思います。また誰でも必ず借りられるわけではなく、**各金融機関で審査がある**ことも忘れずに。

はい！

スマホ決済の例

PayPay	使える店舗が多いことが魅力。「Yahoo!　JAPANカード」を支払いに使えば、常時1.5%の還元を受けられる。キャンペーンも頻繁に行われる。
メルペイ	メルカリユーザー（出品者）の場合、メルカリの売上金を使って、スマホ決済をすることができる。
LINE Pay	LINEアプリを利用している人であれば、すぐにLINE　Payを利用できる。ポイント還元までのタイムラグが少ない点も魅力。

「キャッシュレス決済」ってなんですか？

もうひとつ聞いていいですか？　最近、「PayPay」のCMをよく見るんですけど、スマホを使って支払えるサービスってそんなに広まっているんですか？

今、急激に普及してますよね。**スマホ決済サービスは乱立状態で、とくにQRコードを使ってスマホ決済ができるサービスが急増中。**日本でも10を超える企業が独自にサービスを提供しています。利用者が多いのは、「PayPay」「LINE Pay」「楽天ペイ」などですが、ローソンやファミリーマートなど大手コンビニエンスストアも独

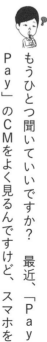

自のスマホ決済サービスを出しています。

スマホ決済はどういう仕組みなんですか？

イメージとしては、駅で使えるSuicaに近いですね。**あらかじめ現金をチャージしておいて、使うと残高が減る仕組み**です。スマホ決済のメリットは、やはり現金を持たなくていいこと。スマホさえあれば、いつでも現金のように使えます。私はPayPayを使っていますが、あらかじめ自分の銀行口座と連携させているので、PayPayのアプリを操作するだけで、いつでもチャージすることができます。

チャージのとき、手数料とか必要ですか？

いいえ。たとえば私がPayPayに1000円をチャージすると、連携した銀行口座から1000円が差し引かれます。**このときに手数料はかかりません**。支払うときも利用者に手数料はかからないので、利用する分には気軽に使えます。ただ、お店側は決済額に応じた手数料を負担することになるので、スマホ決済サービスの事業者はここから利益を得て

いるという構造です。

お金を支払う側としてはいいですね。スマホ決済も、クレジットカードみたいにポイントもつくんですか？

それも普及が加速している理由のひとつ。**今はスマホ決済サービスが超競争状態なので、各社が独自のポイント還元などを設けています。**先ほどお話ししたＰａｙＰａｙは、一時期最大20％ものポイント還元キャンペーンを行っていました。私の利用履歴を確認すると、ＰａｙＰａｙで支払った総額３万８０００円に対してポイント還元が約７千円ついていたので、クレジットカードどころではないポイントを獲得できたようです。

それはすごい！　スマホ決済、どんどん使いたくなります。

しかも、消費税の増税を受けて、**令和元年10月から令和２年６月までは一部の店舗ではクレジットカードや電子マネー、スマホのＱＲコード決済など、現金を使わないキャッシュレス決済をすることで、購入金額に対して最大５％の還元を受けることができます。**

じゃあ、消費税は上がったけど、キャッシュレス決済にすれば得できるということ？

はい。ただ、すべての店舗が対象というわけではないので、ポスターやステッカーを見て、制度が利用できるかを確認してからキャッシュレス決済を使うようにしましょう。それに、クレジットカード同様、ポイント還元を目当てに無駄遣いをするのは本末転倒です。**まずは本当に必要な出費を考えてから、その支払手段としてクレジットカードやスマホ決済をうまく使うのが正しい順序**です。ぜひ、うまく活用してくださいね。

わかりました！

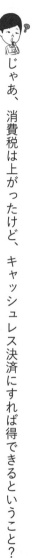

COLUMN

キャッシュレス決済なのに「ポイント」がつかない!?

ポイント還元がうれしいクレジットカードやスマホ決済ですが、メリットを最大限活用するにはキャンペーンなどの情報を確認しておく必要があります。というのも、「決済額の0.5%をポイント還元」といった基本ルールとは別に、「入会すれば7千円分のポイント還元」「ここで買い物をすれば還元率1%プラス」「5がつく日は還元率2%アップ」といった特典が様々用意されているからです。

たとえばクレジットカードの「楽天カード」を使って楽天市場で買い物をすると、100円の買い物につき3円分の楽天スーパーポイントが付与されます。そのうえ、楽天モバイルや楽天ブックスなど、楽天に関連する対象サービスを利用する際に楽天カードで決済をすることで、ポイントの還元率を上げることができます。

スマホ決済サービスについても、各社が様々なキャンペーンを行っていますが、「対象加盟店で利用した場合、○%を還元」というタイプのキャンペーンが多いため、対象加盟店か否かで還元されるポイントが大きく変わってきます。また、連携させる銀行口座やクレジットカードの種類によっても還元率が変わることがあります。

なお、**スマホ決済サービスのポイント還元キャンペーンは上限が設けられているケースがある**ので注意してください。たとえば「20%還元」と謳われていても、「1回あたりのポイントが1万円分まで」と設定されていれば、5万円以上の買い物にスマホ決済サービスを使っても、規定以上のポイント還元は受けられません。

ポイント還元の条件は複雑なうえ、始まって間もないことも手伝って時期などにより頻繁に変わる場合もあるので、定期的にインフォメーションを把握しておくことをおすすめします。

6章

将来への備え、複雑すぎじゃないですか？

保険に関する話

小林さん、今度は「保険」について伺ってもいいですか?

保険、ですか?

2年前、プライベートで大きな変化がありました。子どもが生まれて、父親になったんです。それで「**生命保険**」に入りました。ただ、その仕組みについてすっかり忘れてしまっています。説明を聞いたときは、なんとか理解していたつもりなんですが、いかんせんややこしく……

私の専門は税関係ですが、保険についても一応全般的にはおさえています。というのも国税局時代、よく窓口に保険に関する税金の扱いについて尋ねてこられる方もいたので、知識として必要でしたから。

じゃあ早速教えてください、保険の基本について! 何を知っておかないといけないんでしょう?

そもそも「保険」ってどういうもの？

そもそも保険は2つに大別されます。**「公的保険」**と**「民間の保険」**です。1つめの公的保険は「社会保険」と呼ばれることもあります。これは前に説明したとおり、会社員であれば、会社に入って働き始めるときに会社側が加入の手続きをしてくれるものです。**「年金」**と**「健康保険」**の2本柱からなっていて、感覚としては「自動的に入る」感じですね。2つめの民間の保険は、そのまま民間の運営ですから、入るも入らないも完全に任意です。

公的保険は強制加入なので選ぶ必要がないけれど、民間の保険は「入る・入らない」に加えて、「入るならどれに入るか」を選ぶことになりますよね。

はい、種類もたくさんありますよ。保険の本質は**「何かあったときの保障」**です。だから「もしものときの備えなんていらない」という人もいれば、「手厚く保障してほしい」という人もいます。また、その人ごとにダメージを受けると困ることって異なりますよね。その分、種類も豊富にあるんです。

ニーズの分だけ民間の保険は存在する、と。

珍しいものだと、「ゴルファー保険」の「ホールインワン補償」というものまであります。ゴルフでホールインワンを達成するとキャディさんやゴルフ仲間にお礼をしないといけないという習わしがあるので、これに備えた補償です。

へえ、そんなニッチな保険まで。僕は生命保険に入ったのですが、代表的な民間の保険にはどんなものがあるんですか？

メジャーな「民間保険」の種類

加入者が多く、メジャーなものから挙げると、まずは梅田さんが入った「**生命保険**」が挙げられます。保険に加入している人が死亡したとき、あらかじめ指定された受取人に保険会社が保険金を支払う保険です。それから、病気にかかったり、ケガをしたりしたとき、保険金が支払われる「**医療保険**」。これらは通常、年齢が若い時期に加入すれば、日々の保

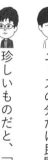

険料が安くなる傾向にあります。

生命保険や医療保険はよくCMで宣伝されてますよね。

そのほか、地震を原因とする火災や建物の損壊、埋没などに対して保険金が支払われる「**地震保険**」や、海外旅行中のトラブルの際に補填をしてくれる「**海外旅行保険**」もスタンダードな保険の代表例です。他にも本当にいっぱいあるので、これらはほんの一部にすぎませんが……

備えあれば憂いなし……。すべて予期せぬ「万が一」に備える感じですね。

あと、賃貸物件に住んでいる人の場合、入居時に不動産業者から「**火災保険**」への加入をすすめられるはずです。たとえばマンションに住んでいて、火災や漏水などのトラブルを起こして隣室の人に被害を与え、損害賠償を請求されたとしましょう。そんなとき、火災保険に入っていると、保険金が出る仕組みになっています。ですから「火災保険には、すすめられるまま加入する」という人がほとんどです。

そういえば賃貸マンションを借りる契約のとき、火災保険代を上乗せして払った記憶があります。

これら民間の保険はいずれも任意なのですが、例外は**「自動車保険」の一種、「自賠責保険」です。車を運転する人は、車の購入時に必ず加入しなくてはなりません。**これは事故を起こしたときに、相手方に対して最低限の補償をするためです。ただ、補償額に限度がありますし、事故を起こした側の損害は補償されないので、不足を感じる人は任意の自動車保険で補う必要があるでしょう。

人が不安を感じる種類だけ、保険って存在するんですね。ところで、毎年秋くらいに保険会社から色々書類が届いて年末調整時に出しているのですが、ひょっとして保険の控除を受けるのに必要な証明書みたいなものですか？　1年に1回のことなので、毎年「なんだっけ？」となっていまして……

まさに！　**「控除証明書」**というものですね。前にお話ししたように、生命保険や地震保険に入ると、年末調整で所得控除の申請をすることができます。**毎年11月頃になると、会**

社の総務などから「保険料控除申告書」という書類が配られるので、ここに控除証明書に記載された保険情報を記入して控除証明書を添付すると、控除が認められて納めすぎていた税金が戻ってきます。

じゃあ、書類を捨てないようにしないと……

はい。もし紛失した場合、保険会社に再発行を依頼できますが、時間がかかって年末調整の期限に間に合わなくなる可能性があります。なので、**加入している人は11月頃に届いた保険関係の書類をきちんと保管しておくようにしましょう。**

「掛け捨て」は、掛けるor捨てる？

そういえば生命保険に入ったとき、**「掛け捨て」**という言葉を聞きました。「掛ける」、つまりかけ算みたいに増えるのか、「捨てる」のか、いまいち意味がわからず……たしか「払った分は戻ってきませんよ」って意味なんでしたっけ？

はい。掛け捨てとは、「掛けたあと、何も起こらなかったら捨てる」という意味。つまり**「何も起こらなかった場合、払ったお金は返しませんよ」**ということです。

事故にあったり、トラブルに巻き込まれたり、病気やケガをしない限り、それまで払い続けたお金は返ってこない……裏を返せば「何もなくてよかったね」ってことでもありますよね。

その通りです。保険は何かあって効力を発揮するものなので。

何かもったいない気も……。民間の保険って、ほとんど掛け捨てなんでしょうか？

そうとも言い切れず、最近は**貯蓄する機能と組み合わさったようなもの**も増えています。万が一のためにお金をコツコツ払っているつもりが、貯めていることにもなる、そんな保険です。

え、どういうこと？

「貯蓄型保険」——保険なのに貯蓄？

保険なのに貯蓄もできる商品が増えていて、「**貯蓄型の保険**」なんて言い方もされています。

保険か貯蓄か、どちらかわかりにくい。

答えは「**どっちも**」です。

って、なりますよね（笑）。

保険って、大きく2種類に分けることができるんです。それが、「掛け捨て型」と「貯蓄型」です。繰り返しになりますが、貯蓄型の保険とは、万が一に備える保険の機能に加えて「お金を貯める」といった機能も持ったものです。

うーん、イメージが湧きません。

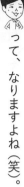

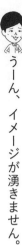

備えのために払っているお金が積み立てられて貯金にもなっているみたいなイメージですね。**無事に支払いを終え、満期になると「満期保険金」としてお金が戻ってくるような保険**です。この点が、病気など何も起きなければお金が戻ってこない掛け捨て型との最大の違いです。貯蓄型保険のメリットは、毎月支払う保険料から「強制的に貯金ができる」点にあり、月々の保険料については掛け捨て型より高い傾向があります。

何でそんなややこしい保険があるんですか？

そもそも「何かあったときに払ってもらえる」というのが保険の原則ですが、やっぱりそれだとさっきの梅田さんみたいに「残念な感じ」がぬぐえないのが人の心理。だから**「払ったお金はムダにはなりませんよ」ということで開発されたのが貯蓄型の保険**です。

「返戻率」が１００以下なら、満額戻らない

「事故に遭っても得、事故に遭わなくても得」って話ですか？

……。ただ、貯蓄として戻ってくるのは100％ではない商品もあります。**途中で解約した場合、払っていた額より低い「解約返戻金《へんれいきん》」しか支払われず、当初の「ガッツリ貯蓄しよう」という目論見《もくろみ》がはずれる**こともあるんです。戻ってくるパーセンテージを専門用語で**「返戻率」**と呼びますが、**それまで支払い続けてきたお金の半額以下だったり、極端な場合は10％程度だったり**。反対に105％など、満期まで払えば増えるものもあるので、よく調べることが大事です。

「掛け捨ては何もなければ返ってこない。支払いはトラブル発生時のみ」「貯蓄型はトラブル発生時の支払いも生じるし、途中解約をしたときや満期になったときに戻ってくる。とはいえ、返戻率には注意」ということですね。

はい。支払った保険料の全額が必ず戻ってくるとは限らない点にはご留意を。だって、それだと保険会社が損しますから。**保険とは基本、保険会社が得するアイテム**です。保険会社もビジネスです。でないと、保険会社が赤字を被って潰れますからね。

もう少し詳しく知りたいです。たとえば貯蓄型の医療保険に入っていて途中で病気になっ

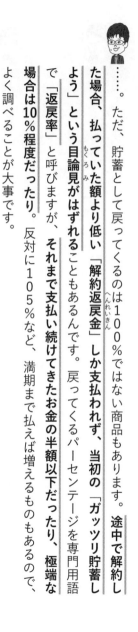

た場合、お金はどういうふうに戻ってくるんでしょうか？

保険って本当に種類がたくさんあって……保険商品ごとに千差万別ですね。**医療保険の場合、入院などに対して一生涯保障を受けられる「終身保険」や、一定年齢になると支払った保険料が戻ってきたり給付金が支払われたりするタイプの保険が貯蓄型**にあたり、お金が戻ってくるタイミングや金額の計算はそれぞれ異なります。

お金が戻ってくる医療保険が貯蓄型というのはわかりますが、なんで「終身保険」も貯蓄型なんですか？

終身保険は、アクシデントが起きれば保険金はもちろん出ますが、加えて途中で解約した場合も、返戻率は満額とはいきませんがお金が出ます。そのため「貯蓄型」といわれているんです。

うーん……そもそも貯蓄型の医療保険では、貯蓄分と医療保障はバラバラなんですか？たとえば病気になって保障を受けたら、その分、貯蓄分が減らされたりするとか？

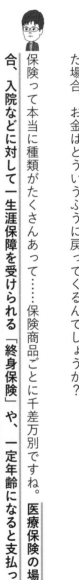

その点も保険商品によりけりです。たとえば、「一定年齢に達したときに健康なら保険料が戻ってくる」というタイプの保険の場合、その年齢までに受けた保障次第で戻ってくる金額が変わることがあります。仮に、毎月保険料を積み立てた結果、60歳時点で健康なら100万円出る医療保険があったとしましょう。この場合、60歳時点で健康だったとしても、59歳のときに入院して50万円を保険会社から受け取っていたら、「100万円−50万円＝50万円を受け取る」という計算式になります。

このタイプの医療保険だと、貯蓄と保障が直結するんですね。どうしたって保険会社が得する仕組みになっているような……

保険と貯蓄は「別」で考える
——あらゆる人の訓戒

ただ、保険は本当に様々な種類があり、十把《じっぱ》一絡《ひとから》げにはできないというのが正直なところ。
これは貯蓄型に限らず掛け捨て型にも当てはまりますが、医療保険の中には「がんなどの

三大疾病にかかったら、**以後毎月の保険料の支払いが免除**され、しかも事前に契約していたとおりの保険金は満額支払われる」というタイプの保険もあります。

支払いが免除？

「毎月1万円の保険料で入院などに備え、がんになったら500万円を受け取れる」という医療保険があったとしましょう。この場合、三大疾病に対して保険料を免除してもらえるタイプの契約を選んでいれば、たとえ加入して1か月後にがんが発覚しても、その後の保険料の支払いは免除されて、しかも500万円を受け取ることができ、保障は続くというわけです。

え、だったら保険会社が丸損じゃないですか？

ただ、保険料の支払いを免除してもらう分、免除の仕組みがない保険よりも保険料が高額になりますし、**保険会社はその他大勢の「保険に入ったけれど、病気もケガもなかった人」から利益を得ているので、ビジネスが成り立っている**んです。ですから、保険の支払い条

件に合致した人には、きちんとお金を支払ってくれます。

病気をしたほうが得なのか、病気をしないほうがいいのか……。うーん、複雑ですね。何だか「保険に入って貯蓄や免除で得しよう」なんて考えないほうがいいような気もしてきました。

そうですね。専門家がよく言うのは**「保険と貯蓄は分けましょう」**ということ。なぜなら、**2つの機能が合わさっていると、さっきの梅田さんみたいにわけがわからなくなる**から。

はい、混乱します……

だから、どんなシチュエーションの人にも、保険に入るなら保険機能に特化した掛け捨てがいいとよく聞きます。「お金を増やしたい」という場合は、純粋に仕事に励むか貯蓄や投資をがんばればいい。一方、「お金は最低限でいい、無理して増やそうと思わない」という人で万が一の保障を考えている場合は、掛け捨て型の保険を選ぶべきだと……。それに月々の保険料を比べても、掛け捨てのほうが貯蓄型よりも安いですから。

「共済」は安いがカバー範囲が狭い

とはいえ、掛け捨ての保険でも、毎月の保険料ってある程度はするでしょう？　家計を圧迫しないか心配です。

原則として、医療保険や生命保険なら加入する時期が若ければ若いほど月々支払う保険料は安くなります。また、将来のアクシデントに備える商品の中でも、とくに掛け金が安いものがあるんですよ。**「共済」**と言われる商品です。

キョーサイ？　聞いたことあるような……

保険の場合、加入者にアクシデントが起こったとき、保険会社は大きな額の保険金を支払わねばなりませんよね。また、加入者が解約するときに返戻金を支払うことだってあります。つまり、大きなお金がよく動く。なので各保険会社は加入者から集めたお金を投資に回すなどうまく運用して増やし続ける必要があり、営利第一主義です。

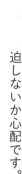

ということは、まずは加入者を増やしたいんですね。加入者が多くなればなるほどお金は集まるし、手元の軍資金を使って投資することもできる。加入者から預かったお金で投資をして利益を挙げることも、保険会社の仕事なんですね。

そうです。なので、基本的には誰でも利用できます。なかには「持病がある」もしくは「大きな手術をした経験がある」人でも、保障内容や加入条件に差があっても入れる保険もあるんですよ。

なるほど。

一方、共済は「**ある特定の条件を満たした人**」が対象になります。「特定の地域に住む人」や「特定の職業に就いている人」だけが、共済組合に加入できます。その組合員を対象に行っている保障制度が、共済という仕組みです。有名なところだと「都民共済」「ＪＡ共済」などがあります。たとえば都民共済に加入できるのは、「東京都に住所か勤務地がある人」という条件が設けられています。

都民共済、名前は聞いたことあります。

その魅力は、なんといっても「**安い掛け金**」です。共済というシステムは、営利目的で運用されているわけじゃありません。「**相互扶助」つまり「皆で助け合おう」という精神で運営されている非営利事業**なので、多くの人に「加入してください！」と過度な勧誘をすることもなく、広告費も少ない。だから掛け金も自ずと安くなるんです。

掛け金はどれくらい安いんですか？

共済の場合、加入するときの単位を「1口《くち》、2口」と数えます。1口だと、掛け金の月額が2千円～5千円が一般的です。もちろん、口数を増やすほどに保障内容は手厚くなります。ただ、「1人●口まで」「1世帯▲口まで」と上限が決まっていることが多いので、加入者にアクシデントが起こったとき、保険のような大きな額の保障はもらえません。「もしものときの保障額を増やしたい」という人は、民間の保険に入るほうがいいといえるでしょう。

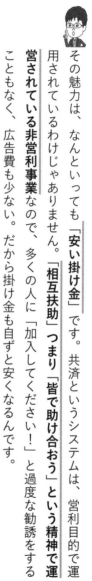

「共済」の仕組み

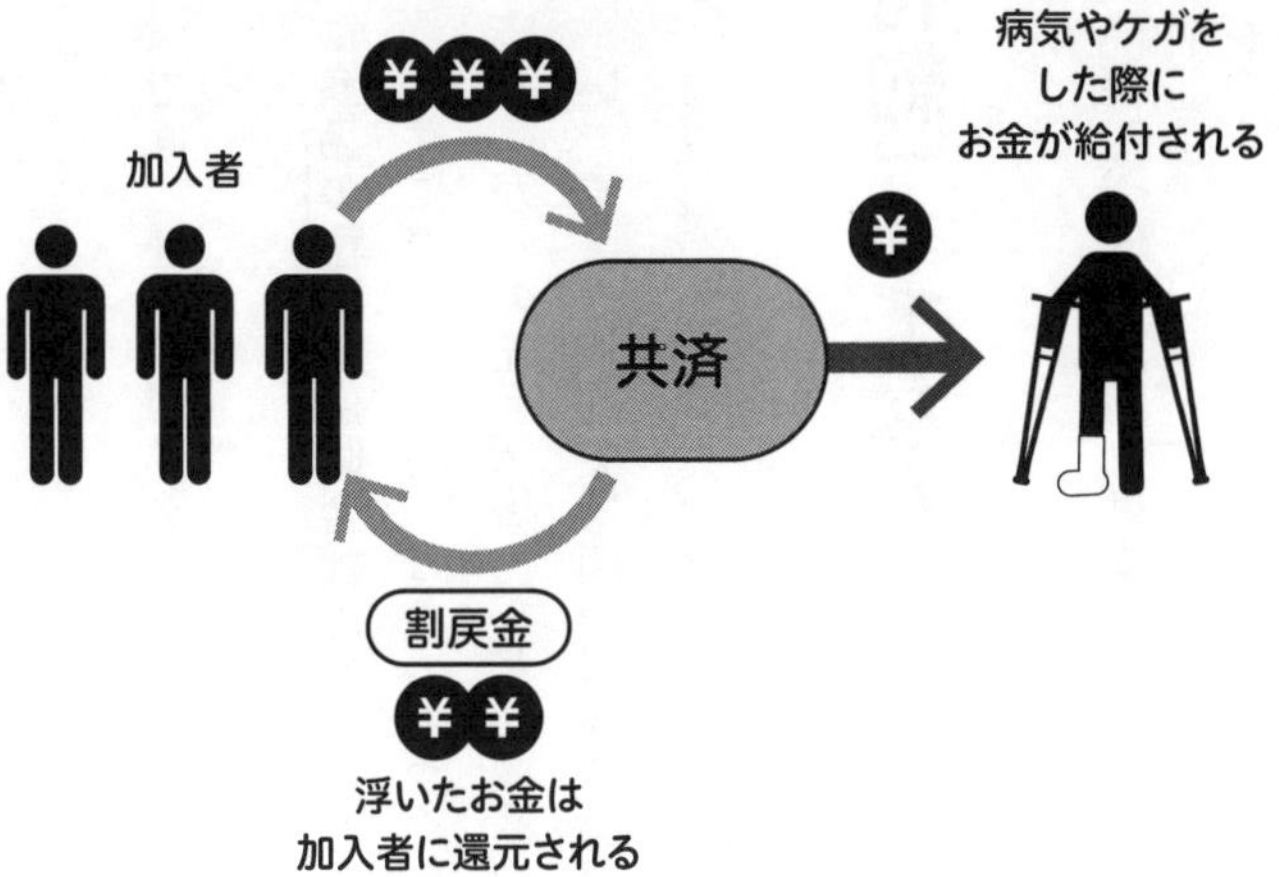
加入者
共済
病気やケガをした際にお金が給付される
割戻金
浮いたお金は加入者に還元される

手厚さでは民間の保険に軍配が上がる、と。

ただ、共済には「**割戻金**《わりもどしきん》」といった名目で「浮いたお金は組合員に還元される」というメリットもあります。

浮いたお金？

組合員から集めたお金の一部を、「アクシデントに見舞われた組合員」に支払って助ける。**もしお金が余った場合は、経費などを差し引いて「支払った掛け金に応じて組合員に返金する」**、**つまり加入者に還元する。**そんな仕組みです。**掛け捨ての保険でありながら多少はお金が戻ってくる**ので、加入する人の心理としてもお得感がゼロというわけではありません。

では、補償額が少ない以外にデメリットはありますか？

商品の種類が保険会社に比べると少ないことでしょうね。「入院1日につき△千円」「手術1件につき□万円」とか、ざっくりなんですよ。選択の余地があまりないといえます。また「がんの先進医療」など、標準的な治療以外にかかるものには対応していないことも多いです。一般的な民間の保険商品なら「**特約**」といって「特殊な治療のときにも、対応します」みたいなオプションもあるんですが。

「特約」ってなんですか？——保険＝主契約＋特約

特約、僕も説明受けました。

保険商品は、基本的に2つの契約から出来ています。**メインとなる「主契約」とオプショ**

代表的な主契約の種類

主な主契約	概要
生命保険	死亡した際、死亡保険金を受け取れる。
医療保険	手術を受けた際や入院時に保険金を受け取れる。
がん保険	がんで入院時、手術を受けたとき、またがんだと診断確定された際などに保険金を受け取れる。
養老保険	一定期間内に死亡した場合は死亡保険金を、満期時に生存していた場合には満期保険金を受け取れる。死亡保障と老後資金準備を兼ねた保険。
個人年金保険	契約した年齢に達した際、積み立てたお金を「年金」として受け取れる。
介護保険	契約した介護状態になると、保険金を受け取れる。
火災保険	火事で損害を被った際、損害保険金を受け取れる。
自動車保険	自動車事故を起こした際、損害保険金を受け取れる。

保険ソクラテス　図解！保険の用語集「主契約になる主な保障の種類」を基に作成

ンとなる「特約」です。主契約とは、文字通り、基本的なメイン契約のこと。たとえば生命保険の場合、「契約者が亡くなったときに保険金をもらえる」という部分が主契約です。けれども、契約者が亡くなる以外にも、病気や災害などに備えたい人も多いもの。

1つの保険でできるだけ多くカバーしたいですもんね。

そのような様々なリスク対策として、**主契約にオプションとして付けられる契約が「特約」**です。どのような保障が主契約・特約となるかは、保険の種類によって異なります。たとえば、生命保険の場合は「死

亡保障」が主契約、医療にまつわる保障は特約になります。これが医療保険だと逆になり、医療にまつわる部分が主契約になります。「主契約」として販売されている主な保障は、前の表の通りです。

特約にはどんなものがあるんでしょうか？

本当に色々あるので、今回は生命保険につけられる「成人病入院特約」を取り上げてみましょうか。

お願いします。

現代人は、ある程度の年齢になると、がんや脳血管疾患、心疾患、糖尿病、高血圧性疾患という「五大生活習慣病」のリスクが上がり、入院を余儀なくされる可能性が高まると言われています。「成人病入院特約」があると、主契約の保険に重ねて先に挙げた病気が原因で入院した際に補償を受けられます。このように、**「主契約以外で、多くの人に共通する高リスクな部分」を、「料金を足してくれれば保障しますよ」というのが特約というサー**

ビスです。

一般的な保険商品には、多くの特約が用意されている。けれども、共済は備えていない。そういうことですか。

はい。特約のある共済もないことはないのですが、数は限られています。やっぱり共済の売りは安くてシンプルな点ですからね。もし保障が足りないと思うのであれば、民間の保険も検討してみていいと思います。

家を買ったら「団信」には必ず入る

そういえば、生命保険と似ているけれど仕組みが違う保険もあります。それが「**団信**」と呼ばれる保険です。正式名称は「**団体信用生命保険**」で、通常は住宅ローンを組むときに加入することになります。

住宅ローンと生命保険……？　いまいちつながりません。

そうですよね。でも実はこの保険、家族がいる人なら「**入らない理由がない！**」っていうくらいメリットがあるんです。

えっ、どんな保険なんですか？

団信の仕組みは、「**ローンを組んでいる人が亡くなったとき、ローンの返済義務がなくなる**」というものです。ほかにオプションで「がんになったら、ローンの返済義務がなくなる」などの条件もつけられます。とにかく、団信に加入しておけば、世帯主が死亡しても、残された家族はその家に住み続けられるということ。逆に団信がなければ、ローンを払えなくなって、家を出ないといけなくなる可能性が高い。

それは恐ろしいですね。もし生命保険に入っていても、団信がなければ残った住宅ローンで死亡時に受け取るお金は消えてしまいそうですし……僕も家を買うときには団信に加入したいです。

銀行の住宅ローンの場合、団信に加入しないと住宅ローンを組めないので、必ず加入することになりますよ。ちなみに、**団信の保険料は住宅ローンの金利に上乗せされることが一般的で、****死亡だけでなく病気やケガまで保障範囲を広げるなどオプションをつけると金利が上がる**仕組みになっています。今から気負わなくてもいいのですが、ローンを組むときに説明されると思うので、そのときに懐事情や年齢などを勘案しながら検討するといいと思いますよ。

「学資保険」は子どもの入学費への備え

貯蓄型の保険についても、もう少し聞いてもいいですか？　先ほど、貯蓄と保険は分けたほうがいいというお話でしたが、「これはいい」という貯蓄型の保険があれば教えてください！

小さなお子さんがいる家庭は**「学資保険」**は検討してもいいかもしれません。これはお子さんの「教育資金の確保」を目的とした保険で、毎月決まった額の保険料を払い続ければ、

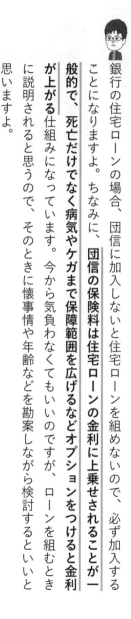

「祝い金」「満期学資金」などの名目で契約時に決めたお子さんの年齢に合わせて給付金を受け取れるものです。ポピュラーなのは、**お子さんの高校卒業時を満期に設定して、大学入学の資金として確保するタイプ**でしょう。大学入学時には結構まとまったお金が必要ですから、それに備えて強制的に貯金する仕組みです。

……僕、子どもが生まれることを言ったらそれを説明された気がします。よくわからないまま、「貯蓄感覚ですよ」って言われたような。

おっしゃるとおり、学資保険の目的の大半は貯蓄です。ただ、「世帯主が死亡したり、お子さん本人が病気やケガをしたりした際に保険金が下りる」といったオプションをつけられる商品もあるので、保険としての役割を備えることも可能です。ただし、オプションをつけるほど満期時の返戻率が下がることもあるのでご注意を。

満期になっていないのに個人的な事情で引き出す際は、やっぱり戻ってくるお金は少なくなると思っておいたほうがいいですか？

満期前に途中解約すると「解約返戻金」という形で現金化できますが、それまで**積み立てていた金額を下回る可能性が高い**ので、よほどの事情がなければ満期まで待つべきでしょう。どうしてもお金が必要なときは、保険会社によっては積み立てた金額に応じて貸し付けをしてくれる場合があります。つまり、保険会社からお金を借りられる。もちろん金利をつけて返済しなくてはならないので、おすすめはしませんが。

借金……。それにしても、「学資保険」って言われると手をつけづらくなりますね。名前が抑止力になっているというか。「子どもの将来のため」と思うと、我慢できそうです。

そうですね。お子さんのいる梅田さんにはマッチしているかもしれません。これは保険全般に言えることですが、家族構成やライフスタイルによって必要な保険は違うので、ご自身の生活や年齢、健康状態も見直して、**「どうしても不安のあるところ」を保険で補う**という考えを持っておきましょう。

その人の個人的な状況によって保険の必要性や重要度は変わってきますし、どの保険がいいかは自分で判断すべきですね。というか、自分にしかわからない……

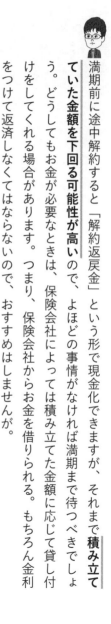

その通り。とはいえ、保険商品は数・種類ともに膨大にあるので、自分で選ぶのは難しいかもしれません。そういうときは「ほけんの窓口」など、複数の保険会社の商品を取り扱っている代理店がありますので、相談してみるといいかもしれません。こうした代理店では、保険会社から契約手数料を取っているものの、保険契約者から手数料を取ることは通常ありません。**保険会社と直接契約しても代理店を通じて契約しても、保険料も違いませんから、気軽に利用しやすい**のもポイントです。

本当に悩んでいるのであれば、「最終判断は自分で下す」ということを肝に銘じたうえで相談に行くのはアリですね。

COLUMN

「4、5、6月」に残業すると社会保険料が上がる

会社員が加入する社会保険のうち、「健康保険」「介護保険」「厚生年金」の保険料は**「標準報酬月額」**という数値に連動して決まります。

この標準報酬月額の基礎となるのが、**毎年4〜6月の給料**。この3か月分の給料を月数で割った金額が、その年の9月から翌年8月までの「標準報酬月額」、つまりその期間の「見なしの月給」として決まります。

たとえば、Aさんの4月の給料が30万円、5月の給料が40万円、6月の給料が50万円の場合。3か月の給料の合計額は120万円です。それを3か月で割ると、1か月の平均の給与額は「40万円」。これがAさんの、その年の「標準報酬月額」になります。この標準報酬月額に、健康保険などの保険料率を掛けると、1年間の保険料が算出される仕組みです。

したがって、**「4〜6月」に残業をすると、残業代が上乗せされた給料をもとに標準報酬月額が決まるので、その分社会保険の保険料は高くなります**。

なお、社会保険の保険料が高くなる分、社会保険料控除が増えるため、増えた保険料に税率を掛けた金額分の税金が少なくなります。また、厚生年金保険料も標準報酬月額で算定されるので、**将来受け取る年金額は厚生年金に加入している期間や、その期間の標準報酬月額に応じて決まる**という側面もあります。つまり、**標準報酬月額が高くなることで、年金が増えるという影響がある**のです。

このような意味で、標準報酬月額が上がることは「単なる損」というわけではないことも理解しておきましょう。

7章

将来もらえないって、本当ですか？

年金についての話

「高齢化が進んで年金がなくなる」可能性は？

ここまで多岐にわたってお金について教えていただいて、本当にありがとうございました！

いえいえ！

おかげで不安を一つひとつ解消できましたが、**最後に1つだけ**、お聞きしたいことがありまして……

何ですか？

「**年金**」についてです。ちょっと先の話にはなるんですが、お金に関する心配事としては結構大きいんです。

あー、よく話題になりますよね。

「今の若い人は、将来年金を受け取れない」みたいな話に接したとき、心がザワついてしまいます。ぶっちゃけ、**「もらえる」「もらえない」**どっちですか？

日本という国が存続している限り、**もらえる**でしょう。

……でも、子どもの数が減っていくにつれ、働いてお金を稼ぐ人の数が減るわけですから、年金の供給源のお金も連動して減りますよね？　加えて年金をもらう高齢者が増えすぎると、やばいんじゃないですか？

それはもっともな理屈です。でも、年金の供給元のお金が足りなくなったら税金で補うことになっていますから、国が経済的に破綻して機能しなくなるような危機的な状況にならない限り、年金を受け取ることはできるでしょう。

では、年金は安泰、ということ？

年金に関する「リアルなリスク」

そうですね〜……「年金をまったくもらえない」という可能性は限りなくゼロですが、**「年金をもらい始める時期が後ろにずれる」「もらえる年金の額が減る」**といったリスクは考えられます。

年金をもらい始める時期って65歳でしたっけ？　これ以上後ろにずれることもあるんですか？

現実問題、日本政府は急速な少子高齢化に対応するため、公的年金制度の見直しを進めています。今は検討段階なので何とも言えませんが、年金の受給開始年齢が**「70歳」**に引き延ばされる可能性も十分に考えられます。

え、ますます年金の保険料を払うのが損のように感じられてきました……

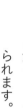

ただ、平均寿命が延びているので、現状の制度の元では**もらった年金の総額を計算すると「増えている」という人も多いはず。**比較的若いうちに亡くなった人については、本人が受け取る年金だけを見ると損ということになるかもしれませんが、家族に**「遺族年金」**という年金が支払われるので、丸損とは考えにくいです。ちなみに遺族年金が支払われるのは、死亡した人によって生計を維持されていた「配偶者」や「子ども」なので、生命保険のようなイメージを持っておくといいでしょう。

でも、寿命は人によって千差万別で調節できないですよね。どんなにシミュレーションしても、実際自分がどうなるかなんてわからないです。

その通り。だからこそ、年金については「まったくもらえない」という極端な危険性よりも、**「受給開始年齢の引き延ばし」や「もらえる総額の減少」といったリスクに目を向けたほうが現実的**なので、そちらを考えるべきといえます。

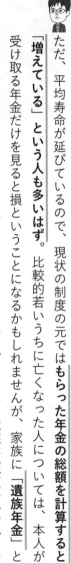

「国民年金」に入る人、「厚生年金」に入る人

とはいえ、なかには「年金は損をする可能性があるから、払いたくない」という人もいると思うんです。年金を払わずに、そのお金を投資や貯金に回したほうがいいと思ったら、年金保険料をまったく払わないということも可能なんですか？

個人の意思ではほぼ不可能です。会社員であれば、給料から厚生年金の保険料が天引きされるので、どうしようもありません。自ら国民年金の保険料を負担する自営業の人でも、保険料を滞納すると厳しく督促されますし、あまりに延滞すると、最後は収入を調べられて差し押さえに至ることもあります。でも、私が思うに、**年金保険料を払わない最大のリスクは「将来年金を受給できない」こと**にあります。アリとキリギリスではありませんが、キリギリスのように将来後悔すること必至です。

今、「厚生年金」と「国民年金」という言葉が出てきましたが、会社員は厚生年金を払っているんですよね？　僕みたいな会社員って、国民年金は払わなくていいんですか？

いい質問ですね。では基本から説明しましょう。日本の公的年金は、**20歳以上60歳未満のすべての人が加入する「国民年金（基礎年金）」**と会社員などが加入する「厚生年金」の2つに大きく分かれます。そして、**厚生年金をもらえる人は国民年金ももらうことができます。**この仕組みは「2階建て」と表現されています。

ん？ でも、僕は厚生年金の保険料はたしかに給料から天引きされていますが、国民年金の保険料は払っていない気がします。それでも国民年金を受け取れるんですか？

それがですね、よく誤解されているんですが、**会社員も国民年金を払っている**んですよ。

えっ、そうなんですか!?

会社員が毎月払うのは「厚生年金＋国民年金」

国民年金の分類を簡単におさえておきましょう。国民年金保険料を負担する被保険者は3

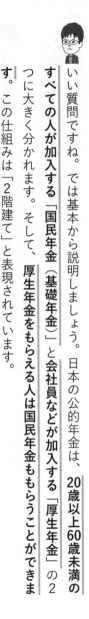

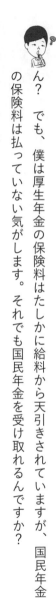

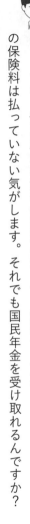

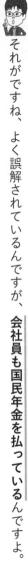

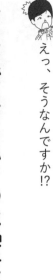

つのタイプに分かれます。**農業、自営業者、学生などが「第1号被保険者」。会社員や公務員などが「第2号被保険者」。第2号被保険者に扶養されている配偶者で年収130万円未満の人が「第3号被保険者」**です。

会社員も入っていますね。

そう。会社員は第2号被保険者という、れっきとした国民年金加入者なんです。だから、**会社が梅田さんから天引きしている厚生年金保険料には、国民年金の保険料も含まれている**んですよ。

まったく知りませんでした。なんでそんな制度になっているんですか？

先ほどお話ししたとおり、国民年金は20歳から60歳までのすべての人が加入するものだからです。一方、厚生年金は保険料を会社と従業員が折半するルールになっています。これは推測ですが、源泉徴収のように会社が天引きすると、保険料の未納を防ぐことができます。自営業者は国民年金保険料を自ら払っていますが、

＊ 第３号被保険者は年金保険料の自己負担はありません（配偶者が加入している年金制度が負担するため）。

納付率は70％を下回っています。つまり約3割の人が未納状態で、督促や差し押さえの処分を受けている人もかなりいるはず。このような状態にしないためにも、会社員については会社が天引きするという方法を取っているのでしょう。

会社員は税金や保険料から逃れられない仕組みなんですね……

というよりも、「**忘れるのを防止してくれている**」という見方もできます。

たしかに。いちいち覚えておかなくていいわけですもんね。忘れていたら、延滞税などを余計に払わないといけなかったり、年金をもらえなかったりするわけですし……。ちなみに、国民年金と厚生年金の保険料に違いはありますか？

まったく計算式が異なります。まず**国民年金は定額**です。収入などによる差はなく、景気の変動などに連動して毎年変わります。ここ数年は、**1万4000円台～1万6000円台**で推移しています。

厚生年金の場合は？

収入に応じて決まる「標準報酬月額」に連動しているので、**収入が上がれば年金保険料はどんどん吊り上がります**。そして、この保険料に国民年金保険料も含まれているという形です。

定年までに納める「年金総額」は約2600万円

結局、年金って定年までにいくらぐらい納めるものなんでしょう？　現行のシステムだと自分がトータルいくら払うことになるか、ざっくり知りたいです。

じゃあ、会社員の厚生年金でシミュレーションしてみましょう。たとえばAさんの標準報酬月額が「24万円」の場合。厚生年金保険料は月額2万1960円です。この金額をAさんと会社がそれぞれ負担しているので、厚生年金保険料としてトータルで月額4万3920円を納めていることになります。

仮に22歳から65歳まで「厚生年金保険料」を払い続けた場合、どれくらいの金額になるんですか？

厚生年金保険料の率は平成16年から段階的に引き上げられてきましたが、平成29年に引き上げが終了しました。現在は18・3％に固定され、その半分の「9・15％」を個人が負担することになっています。この保険料率が今後も変わらないと想定すれば、9・15％に生涯賃金を掛けると、ざっくりと厚生年金保険料のシミュレーションをすることができますよ。

生涯賃金……

国が発表したデータ「平成28年 賃金構造基本統計調査」を参考にしましょう。男性の場合、大卒は約2億8650万円ですから、これに9・15％を掛けると「**2621万円**」。この金額が、あくまで概算ですが大体のトータル支払い額ですね。

2、2600万……

年金の受給時期は「前後」にずらせる

ここまでお話を聞いて、「年金を受給する期間の大切さ」がつかめてきました。だってあらかじめ2千万円以上払うことになるんですよ。なら、無茶な注文かもしれないんですけれど……年金って「**先払い**」してもらうことってできないんでしょうか？

先払いというと？

極端なことを言うと「年金10年分」とか、まとまった額を先にもらうようなイメージです。65歳から年金がもらえるとします。じゃあ、65歳の誕生日がきたときに、「65歳から74歳まで、10年にわたってもらえる年金を、最初の年金受給日に先取りしてもらう」というような……

残念ながら、それは**無理**です。ただ、梅田さんが言っているのは「まとめて先払い」ですよね。それは絶対無理なんですが、「**繰り上げ受給**」といって、**規定の年齢よりも前倒し**

で年金をもらうことは可能です。ただし、この場合も数か月まとめては無理。「コンスタントに2か月に1回支払われる」というペースが条件です。あ、**年金は毎月支払われるわけではなく、年6回に分けて支給されます。**

そうだったんですね……。いずれにせよ、繰り上げ受給に関しては「65歳で受け取るのではなく、60歳から受け取る」みたいなことですよね。いつ死ぬかわからないんだから、先に2千万円も払うことを考えると、「繰り上げ受給」のほうが絶対お得ですね！

そうでもないんです。なぜなら、**受給期間を前倒しする代わりに受給額が少し減らされるから。**

えっ……

それも、**亡くなるまでずっと**です。たとえば「65歳から月額10万円もらえる」ことになっていたAさんが、60歳から繰り上げ受給する場合、「60歳から亡くなるまで、月額9万円もらう」といった感じになります。実際はもっと細かく計算されますが。

でも、お金が少しでも早くほしい人にとってはありがたいと言えるのかも。たとえば「貯蓄がない」とか、「病気になって、余命を言い渡されている」とか。

そういう考え方もありますね。ちなみにですが、繰り上げの反対の「**繰り下げ**」もあるんですよ。

反対、ということは年金をもらう年齢を自分の意思で遅らせる、ということですか?

はい。繰り上げると毎月の受給金額が減りますが、**繰り下げると反対に毎月の受給額は上がります**。数字で見ると、受給金額を70歳まで5年間先送りした場合、「**もらえる年金の総額が40%以上増える**」というデータもあります。

そ、そんなに!?

一番得な受給開始年齢は「男女」で違う
——男性は2年、女性は5年我慢

では、**年金は結局、何歳でもらえば一番、得**なんでしょうか？　もらう年齢を前倒しにするか、後ろ倒しにするか、はたまたノーマルに規定年齢の65歳からか……

これは寿命や生涯収入、国民年金と厚生年金にどれくらいの期間加入しているかなど、非常にパーソナルな要素が絡んでくるのでケースバイケースと言わざるを得ないのですが……シンプルなケースとして仮に**国民年金の受給者が平均寿命まで生きたとしたら**、でシミュレーションしてみましょうか？

はい、お願いします！

男女で平均寿命が違うので、別々に計算しますね。ちょっと待ってください。

（カタカタカタ……と小林さんが資料をつくる音が聞こえる。10分後）

できました！　まず、男性の場合から。ズバリ繰り下げて、**「67歳1か月」から**年金を受け取るのが最もお得です。つまり**ノーマルな受給年齢から約2年、我慢をすればいい**ということになります。

「2年」という数字はどこから？

まず、繰り下げ受給の計算式を紹介しますね。昭和16年4月2日以後に生まれた人が年金を繰り下げ受給する場合、「65歳に達した月から繰り下げた受給開始月の前月までの月数」に0・007を掛けた割合の年金が加算されます。

……

たとえば66歳0か月に受給開始年齢を繰り下げた場合、12か月×0・007＝8・4%が年金に加算されるので、1か月あたりの年金は繰り下げ受給をしない場合と比べる

と108・4％になります。仮に本来10万円の年金だった場合、10万8400円もらえるようになるということです。

1年遅らせるだけで結構増えますね。じゃあ、どんどん繰り下げればいいような……

でも、人間には寿命があることも考えなくてはいけません。極端な話、もし66歳に受給開始年齢を繰り下げて66歳1か月で亡くなってしまったら、年金は1か月分しかもらえないですよね。

たしかに。だからさっき、平均寿命の話が出てきたんですか。

そうです。男性の今の平均寿命が大体81歳なので、65歳から残されている時間は16年。16年生きると仮定して計算すると、**最も年金受給額の合計が多くなったのは、67歳1か月**でした。

女性の場合はどうですか？

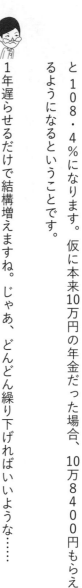

女性の場合、ズバリ「**70歳0か月**」**から**が最もお得と出ました。男性と比べると、**女性のほうが「繰り下げ受給のほうが得」というのが顕著**です。男性よりも平均寿命が長いので、**繰り下げると総額が多くなるうえに長く受け取れる**のが決め手のようです。平均寿命の87歳まで生きると仮定すると、**70歳0か月まで受給開始を遅らせたとしても、約17年間も年金を受け取れるわけですから。**

繰り下げると、どれくらい違うんですか？

平均寿命の87歳まで生きると仮定し、年金受給額は月額10万円とします。「繰り上げ受給」で60歳0か月からもらった場合、年金はトータルで2268万円。一方、「繰り下げ受給」で70歳0か月からもらった場合、2896万8000円で、最も年金受給額の合計が多くなります。これは、70歳0か月以降は年金の加算率が上がらないことも影響しています。

じゃあ僕は、繰り下げ受給でいきます。67歳まで待ちますよ。それが最ももらえるんですから、そうしない理由がない！

うーん、ただ注意点はやっぱりあります。このシミュレーションは平均寿命で計算しましたが、実際の寿命はどうなるかわかりません。「○歳から年金をもらって、できれば△歳まで生きよう」と思っていても、現実がそのとおりになるとは限りません。そもそも、梅田さんが高齢になったときの平均寿命も読めませんからね。

それはそうですね……

また、国が戦争や経済破綻などまずい状況に陥ったとき、「繰り上げ」「繰り下げ」といった制度や年金の計算式が大きく変わることもなくはないので、あくまで「現行のシステムで平均寿命まで生きると仮定した場合」と心得てください。また、今回は国民年金でシミュレーションをしていますが、厚生年金だとさらに複雑なルールが絡んできます。**損得は、各々が加入している年金や保険料の納付状況などに左右される**ことをお忘れなく。

とはいえ、年金受給には「ノーマル」「早くもらう」「遅くもらう」の3パターンがあるとわかっただけでもよかったです。

学生時代の「空白の2年間」——未払いだと年金がもらえない？

あの～、年金に関して、実はとても気になっていることがあと1つあるんです。僕、**学生時代に約2年間、国民年金を払っていないんです。**そのときはさほど気にしていなかったんですが、「**ほんの数か月でも払っていない時期がある人は、年金がまったくもらえなくなる**」的なことを、小耳にはさみまして……。それって本当ですか？

それは正確な情報ではないですね。もらえることはもらえます。ただ、**未納の時期の長さに応じて、受給額が減る可能性**はあります。国民年金は、将来受け取るときには「**老齢基礎年金**」という名前で支給されるのですが、老齢基礎年金の計算式をまず理解しておきましょう。

（うっ、また計算……）

平成31年4月時点のルールでは、「年間の老齢基礎年金額＝78万１００円×保険料納付済月数÷４８０か月（加入可能月数）」というものです。つまり、加入可能月数のすべての期間で年金保険料を払っていれば、年間78万１００円の老齢基礎年金を受け取れるということです。

ということは？　僕は2年間払っていないので、残りの期間は全期間支払ったとして……

78万１００円×24か月÷４８０で計算すると、**年間約3万９０００円、年金受給額が減る計算**です。もし梅田さんが年金を30年受け取るのなら、国民年金保険料を満額支払っていた場合と比べて、１００万円以上受給額が減ることになりますね。

そんなに減るんですね……。じゃあ僕が65歳になったとき、「ごめんなさい、学生時代の2年間分を今からさかのぼって払います！」というのはできますか？

実は……以前は「後納制度」といって、過去5年分をさかのぼって後から納める制度があったのですが、平成30年9月30日をもって終了しました。今は、**納付期限から2年を経過**

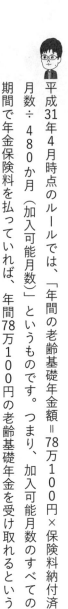

すると時効扱いになり、そこからは支払えなくなってしまいます。

えっ！　じゃあ、僕が払っていなかった分はどうなるんでしょう？

ひとつ救済措置として考えられるのは、「学生納付特例制度」です。これは、学生で所得が一定の金額を下回るときに申請できる制度で、申請をしておけばあとから過去10年分の年金保険料をさかのぼって支払うことができます。

……申請した記憶がありません。今からでも申請できますか？

学生納付特例制度を申請できるのは、過去2年以内に納付期限が来るものに限られます。ですから、たとえば20歳のときの国民年金保険料について学生納付特例制度を利用するのなら、22歳までに申請しておかないといけない、ということですね。

じゃあ僕は……

＊ 年金保険料の納付期限は「納付対象月の翌月末日」。

＊ 毎年誕生月に届く「ねんきん定期便」、スマホやPCで照会できる「ねんきんネット」で自分の年金状況を確認することができます（「ねんきんネット」は利用者登録が必要）。

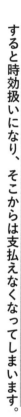

残念ですが諦めるしかありません。老齢基礎年金を満額受け取ることはできないので、老後に向けて自分で代わりの備えを考えたほうがいいでしょう。

「確定拠出年金」――自分で貯めるタイプの年金

少しショックです……でも、これも今までお金と向き合ってこなかったからですね……切り替えます！　自分で老後に備える方法って何があるんですか？

（立ち直り、早！）み、民間の個人年金に加入したり、投資信託の積み立てをしたり、これまでにも紹介したような方法が主になりますね。また、ここまで見てきた厚生年金と国民年金のような「公的年金」以外にも、「**確定拠出年金**」という方法を使うこともできます。

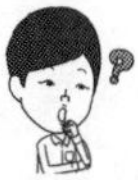
なんですか、それ？

これは、個人が個別に積み立てる「私的年金」です。ただ厳密にいうと、お金を積み立て

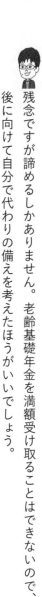

るだけの話ではありません。**確定拠出年金というのは「加入者自身で投資信託に投資するなどして、資産を運用して老後資金として増やしていきなさい」というスタイルの年金**です。だから年金といいつつ、将来もらえる額はそれぞれの運用の腕次第で変わってきます。当然、積み立てた金額に比べて得をする人もいれば、損をする人も出てきます。

それって年金っていうより、単なる資産運用じゃないんですか？「投資なんてまったくわかりません」って人もいるでしょう？

うーん……まず、基本情報からお伝えしますね。この確定拠出年金には「個人型」といわれる**「iDeCo」（イデコ）**と、**「企業型DC」**という2種類があります。「個人型」なら「個人が任意で加入するもの」なので興味がない人はスルーできますが、「企業型」といって勤務先の企業が導入している場合、強制加入なことが少なくありません。とはいえ企業型の場合は、加入者である社員と会社の双方が掛け金を出し合う形になるため、個人型よりも自己負担は少なくはなります。

厚生年金に加えて確定拠出年金ももらえるのは、うれしいだろうけれど……。損をするリ

スクもあるんですよね。どうしても入りたくないときはどうすれば？

投資が苦手な人や、企業型ＤＣの対象となる金融商品に魅力を感じなければ「掛け金は最低限にする」などの策をとるしかありません。ただ**確定拠出年金には、個人的に投資を行う以上のメリットがある**んですよ。ｉＤｅＣｏも企業型ＤＣも、**毎月の積立額は年末調整や確定申告のとき、全額所得控除の対象**になります。前にお話しした「社会保険料控除」と同じ扱いです。さらに**運用した利益も非課税**となります。つまり税金がかからないため、税制上かなり優遇された制度なんです。それに、長期的に積み立てることで、複利効果で大きく得する可能性もあります。

税金面での優遇が大きい老後への備えなんですね。では個人型のｉＤｅＣｏは、企業型と何か違いはあるんですか？

節税効果としてはまったく同じですが、積み立てられる掛金の上限額が違います。企業型ＤＣの場合、企業が社員に対して個別に設ける年金制度、いわゆる「企業年金」を用意しているかどうかで異なり、**企業年金があると企業型ＤＣの上限額は月額２万７５００円、**

企業年金がなければ上限額は月額5万5000円です。実質的な自己負担額はこの半分くらいのイメージです。

iDeCoだと？

個人型のiDeCoの場合は、職業によって上限金額が設定されています。**公務員の場合月額1万2000円、会社に企業年金がない会社員は2万3000円・企業年金があれば1万2000円、自営業者の場合は6万8000円**などです。また、企業型DCは会社を通じて手続きをしますが、iDeCoを利用する場合、自ら銀行や証券会社、保険会社で申し込むことになります。

ただし「60歳」まで引き出せない

メリットがあればデメリットもあるもの……確定拠出年金にもデメリットはありますか？

＊ 企業型 DC と iDeCo、両方利用することも可能です。その場合の iDeCo 上限額は、「企業型 DC のみを利用している人は月額 2 万円」「企業型 DC を利用していて、企業年金にも加入している人は月額 1 万 2000 円」です。

投資に失敗すると年金の受け取り額が減ることに加えて、**手数料がかかる**ことです。「口座開設手数料２８２９円」「毎月の口座管理手数料１７１円」「年金受取時、１回ごとに給付事務手数料４４０円」……。確定拠出年金を申し込んだ金融機関の使い勝手が悪いといった場合には金融機関を変更できますが、この際にも手数料がかかります。

手数料が逐一かかる、と。他に何か気をつけることはありますか？

貯金や投資信託などと違い、**確定拠出年金は原則60歳になるまで受け取ることができません**。これは、老後のための貯蓄を促す目的によるルールのためです。受取開始年齢は、60歳よりも遅れる可能性もあります。確定拠出年金に10年以上加入している場合には60歳から受け取れるのですが、それ以下の場合、受取開始年齢はもっと遅くなります。

60歳になるまで受け取れないということですが、少額なら途中で解約してもらうこともできますか？

いいえ、**一度加入すると解約することはできません**。今まで積み立ててきたお金を引き出

すには、受取開始年齢となる60歳になるまで待つ決まりなんです。要するに、**一度加入したら、60歳になるまでは強制的に続けなければならない仕組み**と理解してください。例外として60歳を迎えるまでに高度障害になったり、死亡した場合には、その時点で本人や遺族が年金を受け取れるようになってはいますが。

うーん、あちらを立てればこちらが立たず、というのは他の話と変わらないですね。

でも、うまく使えば、節税をしながら効率的に老後資金を蓄えることができますよ。先ほど説明したとおり、確定拠出年金に加入することで、所得控除や運用益の非課税といったメリットを受けられますから。NISAも節税をしながら財産を蓄える仕組みですが、**節税効果だけを比べると、NISAよりも確定拠出年金のほうに軍配が上がります。**

それはなぜ?

NISAも確定拠出年金も、積み立てたお金の運用益が非課税になるメリットは同じです。ただ、**確定拠出年金の場合、毎月の積立金が所得控除になる点が大きい。**NISAは株で

儲けた利益のみが非課税対象なので、このようなメリットはありません。

じゃあ、「より節税をしつつ老後の蓄えを確保したいなら確定拠出年金」「60歳までお金を引き出せないのが嫌ならNISA」という感じで選べばいいですか？

はい、大丈夫です。お金に余裕があれば、確定拠出年金とNISAを両方使うこともできるので、その人の収入状況や将来に向けて貯めたい金額次第ですね。

お金にまつわるルールや仕組みって本当に多いですね。今回お話を聞いていて整理がついてきましたが、あらためて考えると混乱しそうです。

気持ちはよくわかります。優遇措置が増えているのは確かですが、その分情報も多いので、迷ってしまいますよね。でも、学んだことをひとつでも実践すれば、今は理解できていないことも必ず理解できるようになります。たとえば「ネット銀行や証券会社の口座を開いてみる」「NISAの申し込みをしてみる」「ATMを使うときは、手数料のことを考えてみる」そんなふうにできることから行動してみるのが大切です。

無理のない範囲でまずは行動を起こしてみる、と。

別に、「大儲けしてやろう」などと気負うことはありません。ちょっとしたことでも、理解できると自信がつくじゃないですか。小さなステップを繰り返していけば、いずれ日常生活に関わるお金の問題や不安の大半は、解決することができます。ぜひ、がんばってください。

ありがとうございました！

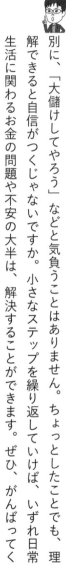

COLUMN

「遺族年金」と「障害年金」——年金を納めている途中で亡くなったら？

死亡したときの補償として、生命保険や団信がありますが、この他に子どものいる家庭の多くは**「遺族年金」**による補償を受けることもできます。

「遺族年金」には国民年金から支払われる**「遺族基礎年金」**と、厚生年金から支払われる**「遺族厚生年金」**があり、それぞれ亡くなった人に生計を維持されていた遺族が年金として受けとることができます。(それぞれ免除期間を含む保険料の納付期間が加入期間の3分の2以上であることなど、受給条件が定められています)。

遺族年金として受け取ることのできる金額は、その時点での年金の納付状況などによって異なります。遺族基礎年金については、年額78万100円を基礎とし、子の年齢によっては加算される仕組みとなっています。遺族厚生年金は、生前の標準報酬月額などによって算定されます。

また、不慮の病気やケガによって生活や仕事などが制限されたときに受け取れるのが、**「障害年金」**です。

障害年金は**「障害基礎年金」「障害厚生年金」**という2タイプに分かれ、病気やケガで初めて医師の診療を受けたときに国民年金に加入していた場合は「障害基礎年金」。厚生年金に加入していた場合は「障害厚生年金」を請求できます。

「障害年金」を受け取る際も、遺族年金と同様に保険料の納付期間(免除期間を含む)が加入期間の3分の2以上であることなどの条件が設けられていますので、いざというときに年金をきちんと受け取れるよう、自分や家族の年金の納付状況について把握し、それを家族の

COLUMN

人ともシェアしておくのが得策です。

なお、**会社員の場合、国民年金と厚生年金の両方に加入していることから、「遺族基礎年金と遺族厚生年金」または「障害基礎年金と障害厚生年金」の両方の受給要件を満たす可能性があります**。この場合、国民年金分に厚生年金分が加算された形で支給されます。

補論　仮想通貨、ブロックチェーン……

将来のお金の話

　お金にまつわるトピックとして、「**仮想通貨**」が一時期話題になりました。仮想通貨の売買で億単位の利益を出した人々が「億り人」と呼ばれマスコミに取り上げられたのも記憶に新しいところです。

　仮想通貨の仕組みは、私たちが普段使っている日本円などの「法定通貨」とはまったく異なります。

　法定通貨は各国の中央銀行により管理運営され、発行される通貨の量が国の政策によりコントロールされる一方、**仮想通貨は運営者が存在せず、無数のコンピュータによって共有で管理され、発行数に上限があります**。

　この違いが、仮想通貨の安全性を高めていると言われています。

　法定通貨の価値は中央銀行の政策の影響を受けて変動しますが、仮想通貨の場合、そのような問題は起きません。しかも、無数のコンピュータがまるで鎖につながれたように相互に監視し合う「**ブロックチェーン**」（分散型台帳技術）が用いられていて追跡も比較的容易なため、通貨の偽造や盗難を防ぐこともできます。

このように法定通貨とは違う特徴を持っているため、2018年に金融庁は仮想通貨の呼称を「**暗号資産**」に改めると発表しました（本書では一般に馴染みのある「仮想通貨」として説明を続けます）。

仮想通貨の最大の特徴が、ブロックチェーンに代表される「暗号技術」を用いたセキュリティシステムにあるためです。

仮想通貨は、お店に仮想通貨を使用するための端末があれば、Ｓｕｉｃａなどの電子マネーのように買い物で使うことができます。会計時、お店の端末にバーコードと仮想通貨換算の金額が提示されるので、このバーコードを自分のスマートフォンのアプリで読み込んでパスワードを入力すると決済完了。クレジットカードでの買い物と同じくらい、もしくはそれ以上に手軽です。

この他にも、仮想通貨には「送金が簡単になる」というメリットがあります。たとえば

「ブロックチェーン」とは？

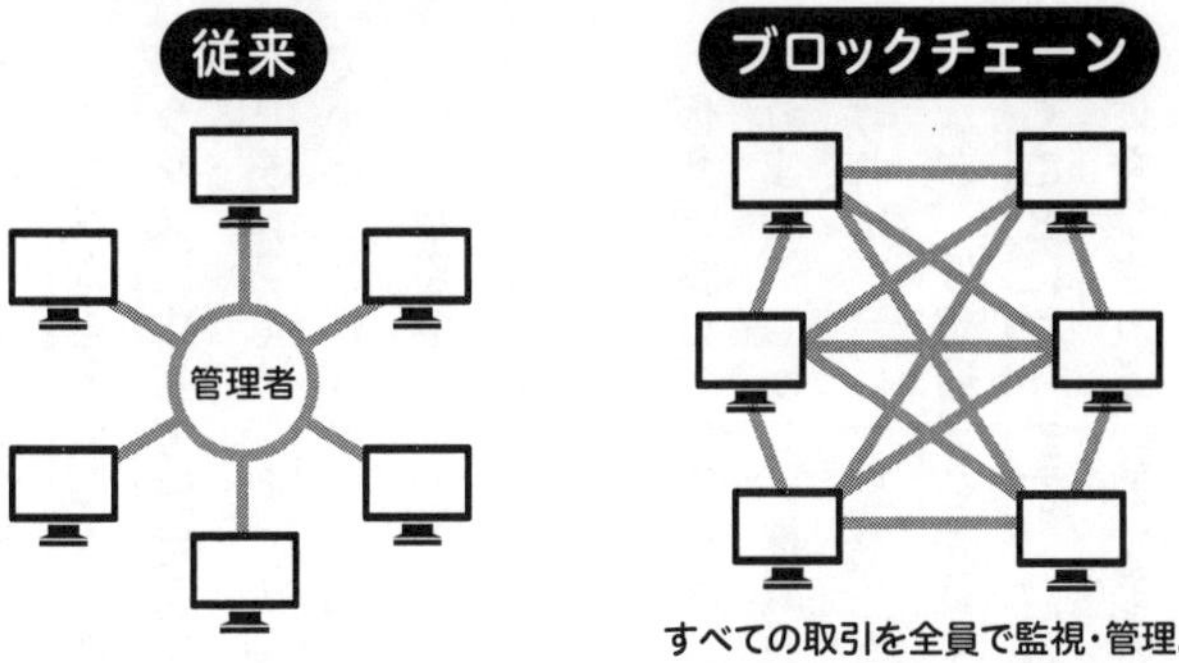

真ん中の「管理者」が
取引をすべて一括して管理。

すべての取引を全員で監視・管理。
また、各取引の記録は「ブロック」のように
順番につながれているので、
暗号（ブロックの情報を開示する鍵のようなもの）
さえあれば容易に記録をたどることができる。

みずほ情報総研『NAVIS』第34号「ブロックチェーンが拓く次の時代」を基に作成

日本の銀行から海外に送金すると、数万円の送金額に対して2500～4000円程度の手数料がかかることがあります。このときに仮想通貨で送金をすると、**為替が介在しないので手数料をほとんどかけず即座に送金することができる**のです。

ただし、仮想通貨特有のリスクやデメリットも存在します。

まず、仮想通貨は暗号技術を用いることにより盗難が防がれていますが、暗号化するための鍵「秘密鍵」が外に漏れると、手持ちの仮想通貨が盗まれる危険性があります。2018年には、当時国内最大の取引所「コインチェック」で580億円相当の仮想通貨「NEM（ネム）」が外部からの不正アクセス、つまりハッキングで盗まれ、流出するという事件が発生しました。

また**株などと同じく、仮想通貨は法定通貨に換金することができるため、需要と供給のバランスに応じて法定通貨との交換レートが変わる**点にも注意が必要です。つまり、「3万円分購入した『ビットコイン』（仮想通貨の一種）を、1年後に換金すると1万円になっていた」という事態が起こり得るのです。逆に価格の安いうちに買っていた仮想通貨が数十倍、数百倍になって大儲けできる可能性もありますが、いずれにせよ仮想通貨にはギャンブル的な側面があるということです。

仮想通貨は、今後のキャッシュレス化の流れのなかで普及・発展していく分野だと考えられます。しかし、株式投資のように損をする可能性もありますから、投資が好きな人でなければ、今は「勉強がてらに1万円分買ってみる」くらいの姿勢で十分でしょう。

なお、**仮想通貨を売買する際は、「仮想通貨交換業者」（交換所・取引所とも）に口座を開くことになります。**〝仮想通貨交換業者〟を名乗るには、金融庁による審査を受け、同庁に登録される必要があります。利用する交換業者が金融庁に登録されているかどうか、必ず確認しましょう。

おわりに

この本は、「お金にまつわる基礎中の基礎知識を身につけてもらう」という狙いで企画されたものです。

企画のお話をいただいたときには、「私がわざわざ本を書かなくても、世の中には『お金』をテーマとした多くの書籍があふれているはず」と思いました。けれども、編集を担当してくれた梅田さんとの対話を重ねるうちに、こう考えるに至りました。

「お金について、本当に生活に必要な最低限の知識を持って活用できている人って、非常に少ないのでは？」

私自身、東京国税局という特殊な就職先に入る前は、お金の知識はほとんどありませんでした。

お恥ずかしい話、大学時代には危うくローンで70万円以上する布団セットを買わされそうになりましたし、奨学金という名の借金を1千万円近く抱えて社会に出た人間でもあります。

高い布団セットに騙《だま》されそうになったのは、ローンの仕組みを理解していなかったから。

訪問販売で布団の業者さんから「いくらなら払えますか？」と聞かれ、うっかり「バイトもしているので、7千円くらいなら」と答えて契約書にサインしたところ、契約の中身は月々7千円の7年払いのローンだったのです。

幸いにしてその後友人のアドバイスで消費者センターに駆け込み、クーリングオフで事なきを得ました。

そんな自分が、今は「お金に強いフリーライター」として仕事をしているわけですから、人生は面白いものです。

私が国税局職員を辞めてフリーランスの道に飛び込めた理由。その多くはお金の知識によるところが少なくありません。たとえば……

・収入は一時的に減るけれど、その分税金や社会保険料も減る
・退職したあとの住民税が怖い。でも住宅ローン控除がまだ残っているから大丈夫
・NISA口座で積み立てていた投資信託が値上がりしているので、いざというときに使える

こうしたちょっとした知識がなければ、私は必要以上に不安を感じ、フリーランスの世界に飛び込むことはできなかったかもしれません。

お金についての知識は、必ずその人を守ってくれます。逆に言うと「お金についての知識がなかった」ただそれだけで身を滅ぼしてしまう人もいます。私は今まで、両方のケースをつぶさに見てきました。

もちろん、これだけネットが発達した現在ですから、「この用語はどういう意味だっけ？」と疑問に思えば、自分で調べることだって可能でしょう。ただ、ネット検索をするにせよ、最低限のお金リテラシーは必要です（ちなみに梅田さんは「ネットで調べればわかる、というのは頭ではわかっているんです。ただ、めんどくさいというか……簡単にできるとわかっていると、ついやらないもんですね」と言っていました）。

「ネットで調べたけれども、専門用語が並んでいるばかりで理解できない」

そうなると、どんどん最新の情報に取り残され、いつのまにか大損をこうむることにもなりかねません。

「お金についての知識」を身につけるのは、早ければ早いに越したことはありません。そして、若いうちからお金にまつわる最低限の知識をもっていれば、大きな損をこうむることもなくなりますし、残ったキャッシュを投資に回して、賢く増やすことだってできるでしょう。とはいえ、遅すぎることもありません。つまり、お金について「より知っている」ことで、誰でも人生の選択肢を広げることができるはずなのです。

本書を通して、お伝えしたい「お金の原則」。それは「**決して無理をしたり、背伸びをしたりしないこと**」と言えるかもしれません。

メディアで報じられる金融商品の宣伝を、鵜呑《うの》みにする必要はありません。

また「かっこよさそうだから、自分もやってみたい」などと、新しい投資法に飛びつく必要もありません。

基本的に、「世の中は『儲けようとする人たち』が、巧みに情報発信している」と警戒しておくくらいでちょうどよいのです。誰かが儲かる、ということは、その裏で、必ず誰かが損をしているということなのですから。

お金は諸刃の剣です。うまくつきあえばあなた自身を高めてもくれるし、反対にあなた自身を滅ぼしもします。

だから、「まずは知ること」がとても大切です。

最後になりますが、本書の制作にあたっては、企画をご提案くださったサンマーク出版編集部の梅田さん、そして原稿を整理いただいた山守麻衣さんにお世話になりました。

また、本書にて紹介した情報は、国税局職員時代、私に粘り強く知識を授けてくださった上司や同僚によるものがほとんどです。この場を借りて、感謝申し上げます。

ちょうどいい塩梅で、お金とうまくつきあえる人が増えることを願って。

小林　義崇

小林義崇（こばやし・よしたか）

元国税専門官、フリーランスライター、Y-MARK合同会社代表。

1981年、福岡県出身。

西南学院大学商学部卒業後、2004年に東京国税局の国税専門官として採用され、以後、都内の税務署、東京国税局、東京国税不服審判所において、相続税の調査や所得税の確定申告対応、不服審査業務等に従事。

2017年7月、東京国税局を辞職し、フリーライターに転身。マネージャンルを中心とする書籍や雑誌、ウェブメディアの執筆活動に加え、税やお金に関するセミナーを行っている。

すみません、金利ってなんですか？

2020年4月5日　初版発行
2021年1月10日　第18刷発行

著　者　小林義崇
発行人　植木宣隆
発行所　株式会社サンマーク出版
　　　　東京都新宿区高田馬場2-16-11
　　　　電話　03-5272-3166
印　刷　中央精版印刷株式会社
製　本　株式会社村上製本所

ISBN978-4-7631-3703-6 C0030
ホームページ　https://www.sunmark.co.jp